日曜日の
台所

志麻さんの
"おうちビストロ"

Les recettes de bistrot façon
SHIMA

タサン志麻

毎日新聞出版

忙しい人にこそ、
フランスの家庭料理を

こんにちは。タサン志麻です。

私は家政婦としてご家庭にお邪魔して、それぞれのお宅にある食材、調理器具を使って料理しています。家族みんなで楽しめる、肩の凝らない家庭料理を作りたいと考えています。

家政婦の仕事を通して「料理が苦痛」という方に数多く出会いましたが、忙しい方にこそフランスの家庭料理はおすすめです。

理由はいくつかあるのですが、オーブン料理や煮込み料理が多く、調理の合間に家族の相手やほかの作業ができること。

料理に使う調味料の数が少なくシンプルなのもいいところです。

また、素材が軟らかいので、お年寄りから幼児まで同じものを食べられます。子どものためだけに作る、ということがないのです。

調理に手間や時間をかけず、家族や友人と食事の時間をゆっくり楽しんでほしい。そんな思いを込めたレシピを紹介します。

CONTENTS

忙しい人にこそ、フランスの家庭料理を 2
おいしくなるには秘密がある 18

I　みんな大好き「志麻さんの定番レシピ」

ジューシーミートパイ 22
グラタン・ドゥフィノワ 24
サーモンとジャガイモの
チーズガレット 28
鶏もも肉のマスタードクリーム煮 30
スパニッシュオムレツ 32

根菜ポトフ 34
オムライス 36
ハンバーグ 40
バターチキンカレー 44
ミートソース 46

II　台所のミカタ「オーブン料理」

王道！なめらかグラタン 52
カキとホウレンソウのドリア 54
白菜とハムのグラタン 56
ミートローフ 58

白身魚とホタテのムース
パイ包み焼き 60
鶏胸肉のロースト 62
イワシとプチトマトの
オーブン焼き 63
ローストトマトのホットサラダ 64

III　煮込み料理をおうち定番に

キノコと牛肉の赤ワイン煮 66
ダイコンと豚バラのキャラメル煮 68
トマトとチーズの洋風すき焼き 70
コトリヤード鍋 72

肉団子と白菜の
トマト煮込みスープ 74
豚バラ肉のトマト煮 75
やわらかロールキャベツ 76

IV 魚だって、こんなふうに

フィッシュナゲット　　　　　78
タイのうろこ焼き　　　　　　80
白身魚の白ワイン蒸し　　　　82
サンマとナスのマリネ　　　　83

白身魚のスパイス焼き　　　　84
サーモンのリエット　　　　　85
アジのタルタル　　　　　　　86
トムヤムクン風スープ　　　　87

V 肉も野菜も　しっかりたっぷり

きのこのポタージュ　　　　　90
アリゴ　　　　　　　　　　　92
カフェ風ワンプレート　　　　94
エスカベッシュ　　　　　　　96
豚ロースのソテー
春野菜のバター煮添え　　　　98
豚こまの洋風野菜炒め　　　　100
ポークチャップ　　　　　　　101
セロリと牛肉の
オイスターソース炒め　　　　102
手羽元のマヨカレー焼き　　　103

モヤシの甘辛ジャンボ肉巻き　104
ピリ辛ダレで水ギョーザ　　　105
プチサレ（塩豚）の
サラダ仕立て　　　　　　　　106
豆腐チーズコロッケ　　　　　107
カクテル風ライスサラダ　　　108
カリフラワーのタブレ　　　　110
白菜、リンゴ、ナッツの
ブルーチーズあえ　　　　　　111
お手軽マロングラッセ　　　　112

VI ひと工夫で　ごはんがメインに

サンドイッチ　　　　　　　　114
ガパオライス　　　　　　　　118
アスパラガスと生ハムのリゾット 120
炊飯器で本格エビピラフ　　　121

シーフードの
トマトクリームパスタ　　　　122
クラムチャウダーうどん　　　124
冷たいチーズパスタ　　　　　125

料理をする前に

＊計量の単位は、大さじ1=15ccです。

＊野菜の「洗う」「皮をむく」や魚の「洗う」などの下処理の記述は基本的に省略しています。

＊材料表の「適量」はその人にとってちょうどいい量のことです。

＊電子レンジの加熱時間は600Wを目安としています。500Wの場合は1.2倍を目安に加熱してください。

＊電子レンジ、オーブンで加熱する時間はメーカーや機種によっても異なりますので、様子を見て加減して
　ください。コンロ（ガス、IHヒーター）なども同様です。加熱する際は付属の説明書の使い方を守ってください。

おいしくなるには秘密がある

自分の五感を大切に

　レシピ本に書いてある通りに料理を作ってみるけれど、うまくできない、という声をよく聞きます。失敗すると、自分は料理ができないと自信を失うというのです。

　家政婦として、いろいろな家庭に伺い、その家のキッチンで、その家で使っている道具も用い、料理をします。

　食材も特別なものを用意するのではなく、行く先々のご家庭の冷蔵庫の中にある食材やストック食材、調味料を使って料理をします。調理器具もガスコンロのお宅もあれば、IHヒーターのお宅もある。使う道具も然り。フライパン、お鍋、包丁にまな板、一つとして同じものはありません。でも、自分の家から調味料や道具を持参することはありません。その家その家のものを見ながら、火加減や加熱時間を変えて作るのです。

　レシピは目安程度に捉え、自分の五感を信じて、作ってみることが大切だといつも思っています。たとえば、ガスコンロやIHヒーターもメーカーが違えば、火力も違う。お鍋の大きさや材質で加熱時間は変わります。使うものに合わせて、料理中に色や音を見て聞いて、判断する。自分の五感をフルに使い、自分好みに調整していく。これが料理の楽しさです。

　難しく考えすぎず、多少失敗しても、次はこうしてみようと考えながら料理を作ると自分にぴったりの作り方がわかってきますよ。

キッチンをきれいに

　私の家の台所は、昔ながらの、日本の家庭によくある流しとガス台がある、ごくごくふつうのキッチンです。オーブンレンジもフル稼働しています。

　以前はフランス料理店の厨房で料理を作っていましたが、今は家政婦のお仕事で伺うご家庭の台所で料理をしています。皆さんと同じ環境ですね。

　私が料理をするときは、ペティナイフと小さなまな板を使いま

す。撮影でいらっしゃる人たちには「えっ？ これだけですか？」と驚かれます。もちろん、肉を切ったり、魚のうろこを取ったり、大がかりな下ごしらえをするときは大きな包丁を使いますが、基本はこの2つ。ささっと切って、すぐ洗える。ほぼこれで料理をしています。

ものがたくさんあったり、大きいと、洗い物が増え、場所を取り、料理をするのが億劫になります。小回りのきく、使いやすい道具を味方につけて、日々の料理を楽しんで。

オーブンは料理の味方です

大抵のお宅にオーブンレンジがあるのですが「レンジはよく使いますがオーブンはあんまり……」とおっしゃる方が多いことを残念に思っています。

オーブンは最初に温度や時間をセットしてしまえば、できあがりまでの数十分、手が空きます。火加減などをずっと見守る必要もありませんから、その間ほかの作業が進められます。

料理の相棒として、フル活用してほしくて、この本でもたくさんレシピを紹介しています。

塩1つまみ

この本にもたびたび登場しますが、塩1つまみを入れることでおいしさが格段にかわります。タマネギを炒めるときは甘みが凝縮し、ニンジンやキュウリであれば、余分な水分を出しつつ、素材本来の味を引き出す。作り方に「じっくり炒める」と書いてあったら……もうおわかりですね。塩1つまみを忘れずに。

ワインはたっぷり

私が作る料理はワインをたっぷり使います。スーパーで売っている安いワインで十分おいしくなるんですよ。惜しまず、たっぷり、使ってくださいね。

I

みんな大好き「志麻さんの定番レシピ」

志麻さんの人気レシピのなかでも
ヘビロテしたいレシピを集めました。
何度も作って、何度も食べたい!

ジューシーミートパイ

材料（作りやすい量）

冷凍パイシート	2枚
牛こま切れ肉	250g
タマネギ	½個
ダイスカットトマト缶（400g）	1缶
固形コンソメ	1個
サラダ油	大さじ1
塩	2つまみ
コショウ	少々
ハーブ（タイム、ローリエなど）	適宜
卵黄	1個分

作り方

1 タマネギはみじん切りにする。牛肉は1cm幅のざく切りにする。

2 フライパンに油を入れて弱火にかけ、タマネギを塩1つまみと一緒にじっくり炒める。次に牛肉を加え炒める。塩1つまみとコショウで味をつけ、肉の色が変わったらトマト、缶の内側をゆすいだ水50cc（材料外）、固形コンソメ、ハーブを加え、中火で15分ほど煮詰める（写真❶）。水分がほとんどなくなりぽってりしてきたら火からおろし、ハーブを取り出して冷ます。

3 天板の上にクッキングシートを敷き、半解凍させたパイシートを1枚のせる。その中央に2をのせ、シートのふち2cmくらいの幅に水小さじ¼（分量外）で溶いた卵黄を塗り、もう1枚のパイシートをかぶせる。卵黄は残しておく。ふちを指で延ばしながら押さえて留め、残りの水溶き卵黄を表面に塗る。ふちを包丁の背で押さえてしっかりくっつけた後、包丁の先で表面に好みの模様をつけ、割れないよう10カ所ほど空気穴を開ける（写真❷）。

4 200℃のオーブン（予熱あり）で30〜40分焼く。焼きムラがあるようなら、途中で一度取り出して天板の前後を入れ替えるとよい。

肉感をしっかり味わう

パーティーシーズンにピッタリのミートパイを作ります。

オーブン料理は決して難しいものではありません。このミートパイは材料も少なくて、至ってシンプルです。

肉はひき肉ではなく、こま切れ肉がおすすめ。ざく切りにして使うとジューシーで食べ応えのある「肉肉しい」パイになります。

具材を炒めるときの「ぽってり」の目安は、フライパンの中で具材をヘラで寄せてみて汁が流れない状態。完全に冷まし、包むときにパイシートがだれないようにしましょう。パイの中身は完全に冷ますのに時間がかかるので、前日に作っておいてもOKです。また、パイシートは解凍しすぎないほうが作業しやすいです。

焼きたてのパイが食べられるのは、おうちで作る最大の醍醐味。具もたっぷり入れられるので、一度作ると市販のパイがものたりなくなるかも。お好みでチーズを一緒に挟んでもおいしいですよ。

─────── ＭＥＭＯ ───────

パイシートは、バター、塩、小麦粉のみで作られた上質なものがおすすめ。風味がありサクサクの食感が楽しめます。値段もほかとそれほど変わらないので、輸入食材店などで探してみて。

グラタン・ドゥフィノワ
（ジャガイモのグラタン）

材料（作りやすい量）

ジャガイモ……………………………中5個
ニンニク………………………………1かけ
牛乳……………………………………300cc
生クリーム……………………………100cc
バター…………………………………10g
塩、こしょう…………………………各適量

作り方

1 ジャガイモは皮をむき、厚さ5mmの薄切りにし
（写真**1**）、鍋に入れる。半割りにしてつぶし
たニンニクと塩、こしょう、牛乳、生クリームを
加えて弱めの中火で10分煮る（写真**2**）。

2 ジャガイモを取り出し、グラタン皿に並べ（写真
3）、1の煮汁を加えてバターを細かくちぎって散
らし、200℃のオーブン（予熱あり）で30分から
40分（色がつくまで）焼く（写真**4**）。

ジャガイモの
おいしさが際立つ

　ジャガイモだけのシンプルなグラタン
です。

　今回は煮崩れしにくい、メークインを
使いました。水は使わず、牛乳と生ク
リームのみで煮ます。煮るときに牛乳が
こげやすいので厚手の鍋がおすすめ。

　簡単でシンプルなのにジャガイモのお
いしさが際立つ、人気のオーブン料理で
す。生クリームがないときは牛乳のみでも
OKです。

　オーブンの時間はお使いの機種によっ
てまちまちなので、ときどきのぞいて様子
を見てくださいね。こんがり焼き目がつい
たらできあがりです。熱々を召し上がれ。

　仕上げにパルメザンチーズをかけた
り、味のアクセントはお好みで。アレンジ
も楽しんでくださいね。

>〜〜〜〜〜〜〜 **MEMO** 〜〜〜〜〜〜〜
>
> 切ったジャガイモは水にさらしません。デンプ
> ンでとろみがつくのでうまみやとろみを逃さ
> ず使いましょう。

サーモンと
ジャガイモの
チーズガレット

パリパリになるまで我慢

　お魚、普段どのくらい召し上がっていますか。好きだけど調理法がちょっとマンネリで……という方に、ガレットをおすすめします。

　ガレットは「丸い形に焼いた料理」を意味する言葉で、フランス・ブルターニュ地方のものがよく知られています。具は卵やハム、チーズなどがおなじみですが特に決まりはなく、魚を入れるのももちろん、ありです。

　ジャガイモは、水分が少ないメークインを使いましょう。デンプンがのり代わりになりますので、千切りにしたら水にさらさないでください。

　ジャガイモでサーモンをはさむように重ねて焼きます。フライパンを火にかけたらジャガイモの周囲が茶色くパリパリになるまで、じっと我慢です。触るとバラバラになって戻らないので注意。こんがり焼き色がついておいしそうなカリカリした食感になるのを待ちましょう。パリパリのジャガイモが、サーモンのうまみを閉じ込めてくれます。

MEMO

裏返したら上から押さえつけたくなりますが、これも我慢。最初に表面を平らにするだけにとどめ、中をふっくら焼き上げるようにしましょう。

材料(2人分)

ジャガイモ(メークインがおすすめ)………中4個
サーモンのさく……………………………200g
ピザ用チーズ………………………………1つかみ
サラダ油……………………………………大さじ1
塩……………………………………………2つまみ
コショウ……………………………………少々

作り方

1 サーモンは1cm角に切り、塩1つまみとコショウをふって、手でチーズと混ぜておく(写真**1**)。
2 ジャガイモは千切り用のスライサーで細く切り、焼く直前に残りの塩をふる。
3 **2**の半量を、油をひいたフライパンに広げる。上に**1**をのせ、その上に残りの**2**をのせて火にかける。最初にフライ返しなどで全体をぎゅっと押さえて表面を平らにし、弱火〜中弱火で10分以上、触らずにじっくり焼く。焼き面のジャガイモがこんがりと固まったら、裏返して一度全体を平らにならす程度に押さえ、そのままさらに約10分焼く(写真**2**)。
4 焼き上がったら食べやすい大きさに切り分ける。

粒マスタードがアクセントに

「鶏もも肉」はうまみが強く、シンプルにソテーするだけでももちろんおいしいのですが、私は粒マスタードを加えたクリーム煮をおすすめします。ほんのりと酸味のある粒マスタードが、味を引き締めてくれます。

鶏肉は硬くならないよう、うっすら焼き色がつく程度にソテーします。野菜と水を入れて沸騰させ、アクを取った後に固形コンソメを入れます。この「沸騰→アク取り→味つけ」の順はどの煮物も同じ。覚えておいてくださいね。

30分ほど煮たら、フタを取って水分が1/3量になるまで煮詰めます。煮汁をなめて「濃いかな」と感じるまで。そうしないと、生クリームを加えた後にはっきりしないぼやけた味になってしまいます。味見はしっかりしましょう。逆に、30分たつ前に煮詰まりすぎていたら、水を適宜足して調節しましょう。

野菜は季節によって替えると一年中楽しめます。

> ### MEMO
> 粒マスタードと生クリームは、煮汁をきちんと煮詰めてから加えるのがポイントです。お子さんでも食べられますよ。

鶏もも肉の
マスタード
クリーム煮

材料（2人分）

鶏もも肉	1枚
タマネギ	½個
ニンジン	½本
マッシュルーム	3〜4個
白ワイン	100cc
固形コンソメ	½個
粒マスタード	小さじ1
生クリーム	50cc
塩、コショウ	各少々
小麦粉	適量
サラダ油	小さじ1
パセリのみじん切り（あれば）	適宜

作り方

1 タマネギは8等分のくし切りに、ニンジンは1.5cm幅の輪切りにする。マッシュルームは半分に切る。

2 鶏肉は一口大に切り、塩コショウと小麦粉をまぶす。フライパンに油を入れて火にかけ、うっすら焼き色がつく程度に軽く焼く（写真**1**）。

3 2に1を入れ、軽く混ぜて油をなじませる（写真**2**）。白ワインを入れ、ひたひたになるまで水（分量外）を注ぎ、沸騰してアクを取ったら固形コンソメを入れ、ふたをして30分煮る。そのあとふたを取って、煮汁が1/3の量になるまで煮詰める。

4 仕上げに生クリームと粒マスタードを入れ、軽く煮立たせる。器に盛り、あればパセリをちらす。

スパニッシュ
オムレツ

材料（4人分）

ジャガイモ………………………………中2個
タマネギ……………………………………1個
厚切りベーコン……………………………100g
ピザ用チーズ…………………………1つかみ
卵……………………………………………8個
塩、コショウ……………………………各少々
サラダ油…………………………………大さじ2
パセリ（あれば）………………………適宜

作り方

1 ジャガイモは洗ってラップに包み、600Wの電子レンジで3分加熱する。皮をむいて1.5cm角に切る。
2 タマネギは1.5cm角に、ベーコンは1cm角に切る。
3 直径20cmのフライパンに油大さじ1をひき、タマネギと塩1つまみ（分量外）を入れて透き通るまでじっくり炒める。ベーコンを加えてさっと炒め、塩コショウで味つけする。
4 1をフライパンに加える。割りほぐした卵にチーズとあれば刻んだパセリを混ぜてフライパンに注ぎ（写真**1**）、底面を固めるように弱火でじっくり焼く。
5 表面が半熟状になり、底が固まってきたら、フライ返しで底をすくうようにゆっくり動かし、皿かボウルなどに取り出していったん火を止める（写真**2**）。
6 フライパンを一度洗い、中火にかけて残りの油をひく。5をフライパンに戻して（写真**3**）、半熟の面を中火で焼き固める。

卵料理の新定番にしたい！

　家庭によくある材料「卵」を使った料理です。今回はスペイン語で「トルティージャ」、スペイン風オムレツを作ります。

　作り方に「じっくり炒める」と書いてあったら……もうおわかりですね。塩1つまみを忘れずに。塩がタマネギの甘みを引き出してくれます。

　炒めるときに注意したいことがもう一つ。具材をつい、木ベラや菜箸などで触って混ぜてしまいがちですが、グッと我慢して。混ぜすぎると火が通りにくくなります。混ぜる回数は少なくし、焼き付けるようにしてしっかり火を通しましょう。タマネギの甘みがおいしさのポイントです。

　卵を入れたら弱火でじっくり火を通します。中にチーズが入っているのでそのままでもおいしいし、ケチャップをかけてアクセントをつけてもどちらでもおいしいです。

~~~~~~~~~~ MEMO ~~~~~~~~~~

卵を入れて、底が固まったらすぐに裏返さず、いったん取り出し、フライパンを一度洗って油をひき直します。すぐ裏返すとくっつきやすく、フライパンの汚れで焦げやすくなります。このひと手間で美しいオムレツに。

あったか、あっさり

あっさりした味わいのポトフをご紹介します。たくさん食べられて、ご飯がなくても一皿で満足感が得られます。

野菜は大きめに切ります。レンコンやゴボウは水から入れ、ゆっくり火を通しましょう。イモ類はジャガイモもいいですが、今回はサトイモを使います。時間をかければかけるほど素材は軟らかくなります。ただし、サトイモは煮崩れしやすいので、時間差で。最後に加えてください。

仕上げに入れるベーコン、ソーセージは、火を通しすぎると色も味も抜けてしまうので温める程度でOK。

╭─────────── **MEMO** ───────────╮
スペアリブは、バラ肉、肩ロースの塊、牛すね肉でも代用できます。いろいろアレンジしてみてください。
╰──────────────────────────────╯

根菜ポトフ

材料（2人分）
豚スペアリブ………………………………500g
レンコン……………………………………½節
ゴボウ…………………………………………1本
サトイモ……………………………………2個
ニンジン……………………………………½本
タマネギ……………………………………1個
インゲン……………………………………10本
ベーコン……………………………………2枚
ソーセージ…………………………………2本
固形コンソメ………………………………1個
塩、コショウ………………………………各少々

作り方

1 豚スペアリブは塩コショウする。

2 インゲン以外の野菜は皮をむき、レンコンは1.5cm幅、ゴボウは長さ5〜6cmに切る。ニンジンは大きめの乱切り、タマネギは半分に切る。

3 1とインゲン、サトイモ以外の野菜を鍋かフライパンに入れ、かぶるくらいの水（分量外）を加えて（写真1）フタをして火にかける。

4 沸騰したらアクを取り、弱火にして固形コンソメを入れてふたをして1時間煮込む。

5 サトイモを加えてさらに10分ほど煮る。サトイモが軟らかくなったら仕上げに4cmの長さに切ったベーコン、ソーセージを入れる。温まったらゆでたインゲン（写真2）を入れる。

オムライス

材料（2人分）

温かいご飯	360g
ピーマン	2個
タマネギ	½個
ベーコン	2枚
鶏もも肉	1枚
マッシュルーム	1パック
卵	4個
ケチャップ	大さじ3〜4
サラダ油	適量
オリーブ油	大さじ1
バター	適量
塩、コショウ	各適量

作り方

1 タマネギ、ピーマン、マッシュルーム、ベーコン、鶏もも肉を1.5cm角に切る。

2 フライパンにサラダ油をひき、タマネギ、マッシュルーム、ベーコン、鶏もも肉を入れ、塩ひとつまみをふってじっくり炒める。しんなりしたらピーマンを加えて（写真■）温かいご飯を入れて軽く炒める。ご飯がほぐれたらケチャップ大さじ2、塩、コショウで味を調える（写真■）。

3 別のフライパンにオリーブ油とお好みでバターを入れ、よく溶きほぐした卵を加え、半熟に火を通し（写真■）、2のチキンライスの上にのせる。仕上げにケチャップをお好みで。

ふわとろの半熟卵で

オムライスの半熟卵を上手に作るコツをお教えします。

油をなじませ、熱したフライパンに卵液を注いだ後が勝負です。卵液のふちが焼けて少し浮いたくらいの火が通りかけたかな、というところで箸をフライパンの端から端まで対角線にす〜っと引きます。すると空いたスペースに卵液が流れ出します。次に別の角度（さっきの対角線くらい）から、す〜っと引く。これを繰り返し、ほどよいところで火を止め、チキンライスの上にのせるだけ。

我が家では子どもたちが料理を手伝ってくれます。フライパンです〜っと卵液を引くのが上手なんですよ。

> **MEMO**
>
> 卵は余熱で火が入るので、加熱しすぎに注意です。お好みで溶いた卵液に生クリームを入れるとクリーミーな味わいを楽しめます。

ハンバーグ

材料（4人分）

合いびき肉‥‥‥‥‥‥‥‥‥‥‥‥400g
パン粉‥‥‥‥‥‥‥‥‥‥‥‥‥‥大さじ3
牛乳‥‥‥‥‥‥‥‥‥‥‥‥‥‥‥大さじ3
タマネギ‥‥‥‥‥‥‥‥‥‥‥‥‥‥½個
卵‥‥‥‥‥‥‥‥‥‥‥‥‥‥‥‥‥1個
油‥‥‥‥‥‥‥‥‥‥‥‥‥‥‥‥‥適量
塩、コショウ‥‥‥‥‥‥‥‥‥‥‥各適量
｜　水‥‥‥‥‥‥‥‥‥‥‥‥‥‥100cc
A　ケチャップ‥‥‥‥‥‥‥‥‥‥大さじ4
｜　中濃ソース‥‥‥‥‥‥‥‥‥‥大さじ4

作り方

1　タマネギをみじん切りにし、ラップで包み600Wの電子レンジで2分火を通し冷ます（写真**1**）。
2　ボウルにひき肉、卵、パン粉、牛乳、塩、コショウ、**1**のタマネギを加え、よく練り、糸が引いてきたら丸く成形する（写真**2**）。
3　フライパンに油をひき、**2**の両面を強火で焼いてしっかり焼き色をつける（写真**3**）。Aを加え、フタをして5分煮込む。
4　ふたを取り軽くソースがとろっとするまで煮詰めて仕上げる（写真**4**）。味を調え、盛り付ける。

肉汁たっぷり、うまみ凝縮

　肉のうまみをしっかり閉じ込めた最強のハンバーグを作ります。

　肉をこねるときのコツは肉の繊維同士が手をつなぐようなイメージで、力を込めてこねること。目安は最低50回以上。

　仕上げは表面を手でていねいになでてつるつるにしてください。焼くときに肉の真ん中をへこます必要はありません。割れ目があると、焼いている途中で形が崩れ、肉汁が流れ出してしまいます。

　盛りつけのときはお好みの野菜を添えてください。今回はブロッコリー、インゲンとニンジンをゆで、ゆで汁適量にバター（いずれも分量外）を入れて煮詰めてソースにして、野菜をあえました。

MEMO

ソースはご家庭にあるケチャップ・中濃ソースと塩こしょうのみ。シンプルで簡単。失敗を恐れることなくバランスの取れたソースを作ることができます。

バターチキン
カレー

材料（作りやすい量）

鶏もも肉（大きめのもの）……………………1枚
塩……………………………………………3つまみ
コショウ………………………………………少々
カレー粉………………………………………大さじ1
缶詰のカットトマト……………………1缶（400g）
タマネギ……………………………………½個
固形コンソメ…………………………………1個
生クリーム…………………………………30cc
バター…………………………………………20g
オリーブ油…………………………………大さじ1
┃ プレーンヨーグルト…………………大さじ4
A ニンニクすりおろし…………………1かけ分
┃ ショウガすりおろし…………………1かけ分

作り方

1 タマネギはみじん切りにする。鶏もも肉はペーパータオルで水気をふいて一口大に切る。塩コショウ、カレー粉をまぶし、よくもみ込んでおく。

2 ボウルにAを入れてよく混ぜ、鶏肉を漬け込む（写真**1**）。漬け込む時間が長いほど、肉は軟らかくなる。

3 タマネギは油と一緒に鍋、またはフライパンに入れ、塩1つまみを加えて中火〜弱火で炒める。しんなりしたらトマト、空き缶に入れた水100cc（材料外）、コンソメを加えて混ぜ、中火にする。

4 沸騰したら2をヨーグルトごと加える。再び沸いてきたらフツフツ沸く程度の弱火にして15分煮る。

5 仕上げに生クリーム、バターを加えて（写真**2**・**3**）火を止め、塩コショウ（分量外）で味を調える。

水は控えめ、濃厚な味わい

トマトベースのカレーです。水は控えめにして素材の濃厚な味を楽しめます。辛さはマイルドなので、お子さんと一緒に食べられますよ。

鶏肉は水気をきれいにふき、調味料をよくもみ込み、しっかり味つけしておきます。一晩から二晩くらい冷蔵庫で寝かせてもいいですね。手羽や手羽中など骨付き肉を使ってもだしが出ておいしいです。炒めるのはタマネギから。うまみを引き出す「塩1つまみ」をお忘れなく。トマト缶は今回、カットトマトを使いました。よりなめらかな口当たりに仕上げたいときは、軟らかいホールトマトを選んで崩しながら煮込むとよいでしょう。一緒に加える水はトマトの空き缶にくみ、缶の内側に付いたトマトの汁も残さず使ってください。

このカレーはルーを使わないのも特徴。軽い仕上がりで、「カレーは胃もたれする」という方にもサラッと食べていただけると思います。

── MEMO ──

野菜はトマトとタマネギだけなので、ちょっと足りないかな……と気になる方は、ゆで野菜やソテーした野菜をお好みで添えてください。

— みんな大好き「志麻さんの定番レシピ」

冷凍OK！
作り置きレシピ

　作り置きできて、忙しい日にすぐ食べられるレシピを、とのリクエストに応え、みんなが大好きなミートソースを作ります。私も自宅の冷凍庫に常備しています。

　まずはフライパンと鍋、どちらで作るか悩みますが、フライパンは熱源に触れる面積が広いので火が通りやすく、鍋に比べて早くできあがります。フレッシュな感じが好みだったり、急ぐときにおすすめです。鍋は煮込み時間が長くなるので、うまみの強いソースに仕上がります。今回はフライパンを使ってみました。

　みじん切りを炒めるときは、「塩1つまみ」がお約束。仕上げの味見のとき酸っぱいと感じたら、ケチャップを少し加えるとよいでしょう。

　これさえあればパスタはもちろん、ムサカ（ギリシャ風ナスとミートソースのグラタン）やラザニアも簡単！　マッシュポテトと合わせてコロッケにしたり、ゆで野菜にソースとしてかけたり。生クリームを加えるとクリーミーな味わいになります。

ミートソース

材料（作りやすい量）

タマネギ	½個
ニンニク	1かけ
合いびき肉	500g
水	200cc
塩	2つまみ
コショウ	少々
オリーブ油	大さじ1
A　缶詰のカットトマト	2缶（800g）
A　固形コンソメ	2個
A　ローリエ	1枚

作り方

1　タマネギとニンニクはみじん切りにする。
2　フライパンまたは鍋に油を入れて火にかけ、**1** と塩1つまみを加えてしんなりするまでじっくり炒める。
3　ひき肉を加え、色が変わるまで炒める。塩1つまみを加えコショウ少々をふる。
4　**A**と分量の水（トマトの空き缶1缶につき100ccくんでおく）を加える。沸騰後はフツフツする程度に火を弱め、フタをせず30分程度（フライパンの場合）煮込む（写真**1**）。煮詰まりすぎるようなら適宜水（分量外）を足して調整する。
5　仕上げに味をみて塩コショウ（分量外）で調える。1回に使う量ずつに分け、保存容器やジッパー付きの袋に入れて冷凍しておくと便利。

M E M O

このミートソースにチリパウダーを入れるとスパイシーに、カレー粉を加えるとドライカレーになります。お好みのアレンジで楽しんで。

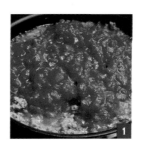

II

台所のミカタ
「オーブン料理」

オーブンがあるのに使っていないご家庭が
結構あります。いつも、もったいない！って
思っていました。入れっぱなしで仕事を
してくれる、優秀な相棒です。

王道！
なめらか
グラタン

材料（作りやすい量）

鶏もも肉‥‥‥‥‥‥‥‥‥‥‥‥‥‥‥‥1枚
タマネギ‥‥‥‥‥‥‥‥‥‥‥‥‥‥‥½個
ホウレンソウ‥‥‥‥‥‥‥‥‥‥‥‥½束
カボチャ‥‥‥‥‥‥‥‥‥‥‥‥‥‥⅛個
マカロニ‥‥‥‥‥‥‥‥‥‥‥‥‥‥60g
サラダ油‥‥‥‥‥‥‥‥‥‥‥‥‥大さじ1
塩‥‥‥‥‥‥‥‥‥‥‥‥‥‥‥‥2つまみ
コショウ‥‥‥‥‥‥‥‥‥‥‥‥‥‥少々
ピザ用チーズ‥‥‥‥‥‥‥‥‥‥3つかみ
A ┃（ホワイトソース）
　┃ バター‥‥‥‥‥‥‥‥‥‥‥‥‥‥50g
　┃ 小麦粉‥‥‥‥‥‥‥‥‥‥‥‥‥35g
　┃ 牛乳‥‥‥‥‥‥‥‥‥‥‥‥‥500cc

作り方

1 鶏肉とタマネギはそれぞれ1.5cm角に切る。カボ
チャは2cm角に切る。鶏肉にはしっかり塩コショウ
をして、タマネギ、油と一緒にフライパンに入れ、
中～弱火でじっくり炒める。

2 ホウレンソウはサッとゆで、固く絞って2～3cm
幅に切る。

3 マカロニは表示時間より5分長くゆでる（早ゆ
でタイプなら3分）。湯から上げる1分前に、カボ
チャを加え、一緒にザルに上げる（写真■）。

4 Aの材料でホワイトソースを作る。小鍋にバター
を入れて中火にかけて溶かし、小麦粉を加えて
よく混ぜる。強火にしてフツフツしてきたら牛乳
を3回くらいにわけて加え、粉っぽさがなくなる
までしっかり泡立て器（なければ木ベラなど）で
混ぜる。ボコボコ沸騰している状態で常に混ぜ
続け、なめらかになるまで続ける（写真■）。混ぜ
ながら、残りの牛乳も2回に分けて加える。とろっ
となめらかなソースになったらOK。

5 1に2と3を加えて混ぜる。4の⅓量を加えてさら
によく混ぜ、グラタン皿などの耐熱皿に入れる。

6 上から残りの4をかけ、チーズをのせて230℃の
オーブン（予熱あり）で15分（焼き色がつくまで）
焼く。

最強のヘビロテレシピ

　ホワイトソースでグラタンを作ります。
マカロニは、オーバーボイル（表示時間よ
り長くゆでること）がポイント。早ゆでタ
イプも3分ぐらいはオーバーボイルで。軟
らかいほうが後でホワイトソースと混ぜた
とき、よくなじみます。上げる1分前にカボ
チャを加え、一緒にゆでておきましょう。

　もう一つのポイントは、具材にしっかり
味をつける代わりにホワイトソースには
味をつけないこと。ホワイトソースは、強
火で沸騰させながら短時間で仕上げま
す。⅓は先に具材と絡めて耐熱皿に入
れ、残りの⅔とチーズを上からかけます。
チーズがしっかり色づく程度焼けばOK。
トースターや魚焼きグリルでもできます。

　ホワイトソースは、シチューやコロッケ
などほかの料理にも応用できます。好き
な具をコンソメで煮てこのホワイトソース
を加えればおいしいメニューに。覚えて
おくとヘビロテ間違いなし！ですよ。

MEMO

鶏肉の代わりに豚肉やシーフードでも大丈
夫。ナスやズッキーニはタマネギのように炒め
て。ブロッコリーやカリフラワー、インゲンなど
はカボチャのようにゆでます。ジャガイモやサ
ツマイモもいいですね。

カキと
ホウレンソウ
のドリア

材料(2人分)
ご飯‥‥‥‥‥‥‥‥‥‥‥‥‥‥‥2膳(300g)
ホウレンソウ‥‥‥‥‥‥‥‥‥‥‥‥‥½束
カキ‥‥‥‥‥‥‥‥‥‥‥‥‥‥‥‥‥10粒
塩‥‥‥‥‥‥‥‥‥‥‥‥‥‥‥‥‥2つまみ
コショウ‥‥‥‥‥‥‥‥‥‥‥‥‥‥‥少々
バター‥‥‥‥‥‥‥‥‥‥‥‥‥‥‥‥20g
ピザ用チーズ‥‥‥‥‥‥‥‥‥‥‥‥‥適宜
　┃　(ホワイトソース)
Ａ┃　バター‥‥‥‥‥‥‥‥‥‥‥‥‥‥35g
　┃　小麦粉‥‥‥‥‥‥‥‥‥‥‥‥‥‥35g
　┃　牛乳‥‥‥‥‥‥‥‥‥‥‥‥‥‥400cc

作り方

1 カキは水の中でふり洗いして汚れを落とし、キッチンペーパーで水気を取る。塩、コショウでしっかり味をつける。ホウレンソウは長さ3cmに切る。

2 Aの材料でホワイトソースを作る。小鍋にバターを入れて中火にかけて溶かし、小麦粉を加えてよく混ぜる。強火にしてフツフツしてきたら牛乳を3回くらいにわけて加え、粉っぽさがなくなるまでしっかり泡立て器(なければ木ベラなど)で混ぜる。ボコボコ沸騰している状態で常に混ぜ続け、なめらかになるまで続ける(写真1)。できたソースの⅓量を、ご飯と混ぜておく(写真2)。

3 フライパンにバターを入れて中火で熱し、カキの片面を触らずにこんがり焼く。裏返したタイミングで上にホウレンソウをのせ、フタをして弱火にし、ホウレンソウがしんなりするまで火を通す。

4 耐熱皿に2のご飯、3のホウレンソウ、カキ、2の残りのホワイトソースを順に重ね、チーズをのせる。230℃のオーブン(予熱あり)で15分焼く。

チーズとソースと
ご飯の一体感

　カキとホウレンソウを使った熱々のドリアを作ります。

　ホワイトソースは、厚手の鍋を使うと焦げにくく失敗しにくいですよ。常に沸騰している状態で混ぜ続け、ダマを作らないようにするのがコツ。⅓量をあらかじめご飯に混ぜておくと、一体感が出て食べやすくなります。

　カキは下味をつけるのみ。ご飯と一緒にいただくときに重く感じてしまうので、小麦粉はふらなくて大丈夫です。

　具材に火が通っていますので、表面のチーズが焦げればできあがり。オーブンがなければオーブントースターや魚焼きグリルでもできますよ。

　濃厚なカキのうまみとホワイトソースがよく合い、チーズの焼き色が食欲をそそります。

　今回は冬の食材を組み合わせましたが、野菜は春なら春キャベツやマメ科の野菜、夏ならズッキーニやトウモロコシ、秋ならカボチャやサツマイモ、レンコンなどがおすすめです。肉なら鶏肉やベーコン、魚介はイカやエビ、ホタテなども合います。

■■■■■■ MEMO ■■■■■■
具をホワイトソースであえるのではなく、順に重ねるのが私流です。お試しください!

白菜とハムの
グラタン

材料（2人分）

白菜……………………………………¼個
ハム………………………………………4枚
固形コンソメ……………………………1個
ピザ用チーズ……………1つかみ（お好みで）

（ホワイトソース）
A｜バター…………………………………30g
　｜小麦粉…………………………………20g
　｜牛乳………………………………300cc

作り方

1 ざく切りにした白菜をフライパンに入れ、水
150cc（材料外）とコンソメを入れてフタをし、
軟らかくなるまで20分ほど煮る。

2 **A**の材料でホワイトソースを作る。小鍋にバター
を入れて中火にかけて溶かし、小麦粉を加えて
よく混ぜる。強火にしてフツフツしてきたら牛乳
を3回くらいにわけて加え、粉っぽさがなくなる
までしっかり泡立て器（なければ木ベラなど）で
混ぜる。ボコボコ沸騰している状態で常に混ぜ
続け、なめらかになるまで続ける。

3 1の白菜を8等分にして、グラタン皿に少し離
して並べ（写真**1**）、煮汁を注ぐ。それぞれの白
菜を半分に切ったハムで覆うようにまとめる（写
真**2**）。

4 3に2をかけ、好みの量のチーズをのせて
230℃のオーブンで15分焼く。

旬の白菜をたっぷり
シンプルに食べやすく

　寒くなるほど甘みの増す冬野菜の定
番、白菜です。日本では鍋料理に欠かせ
ませんが、鍋だけだとちょっとありきたり
すぎませんか？　洋食でも白菜のうまみ
は十分堪能できて、たくさん食べられま
す。水分たっぷりでとろとろの白菜を味
わえるグラタンをご紹介します。コンソメ
と、バターやチーズの塩分だけのシンプ
ルな味つけで、軟らかく煮た白菜は子ど
もにも食べやすいんですよ。

　オーブンがないご家庭でも、魚焼きグ
リルやトースターで作れます。チーズが溶
けて色づくまで焼きましょう。白菜の甘み
とハムとチーズの塩味の掛け合わせが驚
くほどおいしく、楽しめます。

MEMO

ホワイトソースは手軽に作れますが、市販のも
のを使ってもいいです。ハムを薄切り肉で代
用する場合は、塩で軽く下味をつけましょう。

ミートローフ

材料（4人分）

合いびき肉‥‥‥‥‥‥‥‥‥‥‥‥500g
タマネギ‥‥‥‥‥‥‥‥‥‥‥‥‥½個
卵‥‥‥‥‥‥‥‥‥‥‥‥‥‥‥‥5個
パン粉‥‥‥‥‥‥‥‥‥‥‥‥‥100g
牛乳‥‥‥‥‥‥‥‥‥‥‥‥‥‥100cc
塩‥‥‥‥‥‥‥‥‥‥‥‥‥‥‥‥4g
コショウ‥‥‥‥‥‥‥‥‥‥‥‥‥適量
A｜ケチャップ‥‥‥‥‥‥‥‥‥大さじ2
　｜ソース‥‥‥‥‥‥‥‥‥‥‥大さじ2

作り方

1 卵4個はゆで卵にする。鍋の湯が沸騰してから卵を入れて7分程度ゆでる。

2 タマネギはみじん切りにして耐熱容器に入れてラップをかけ600Wの電子レンジで2分程度加熱し、粗熱を取る。

3 ボウルにひき肉、残りの卵1個、パン粉、牛乳、塩コショウと2を入れ、よく練る。

4 オーブンの天板の上にクッキングシートを敷き、3の⅓量を広げる。その上に1を1列に並べてのせる。

5 残りの3を卵が隠れるようにかぶせて、ナマコ形に成形していく（写真**1**）。肉の厚みが薄い部分があると、焼いたときにそこから割れてくるので気をつける。また、表面を手でなでてなめらかに整えると割れにくい。

6 合わせたAの半量を5に塗り、200℃のオーブンで30分焼く（写真**2**）。

7 焼き上がりの5分前に一度扉を開け、残りのAを塗る（写真**3**）。

塊を切り分ける楽しさ

ひき肉を使った料理はいろいろありますが、ミートローフは一つの塊を切り分けて食べる楽しさがあります。オーブンでぜひ作ってほしいレシピで、ご家庭の定番にしていただきたいですね。

ひき肉は合いびき肉でOK。牛100％より合いびき肉のほうが肉のうまみとジューシーさの両方が味わえます。練るときは体重をかけ、上から押すようにして。ひき肉が白っぽくなり粘りが出て、持ち上げたときに糸を引いたようになるまでしっかり練ってください。これはハンバーグなどほかのひき肉料理でも同じです。

ソースは、市販のお好きなソースとケチャップを混ぜます。簡単でおいしくできます。大人の味にしたいなら赤ワイン、子どもと一緒ならマヨネーズを加えるなど、アレンジも可能です。

切り分けてそれぞれのお皿に移すとき「そっちは卵が多い!」「こっちは少ない!!」などと会話が弾むこと間違いなし。家庭料理は楽しく食べるのが一番!　会話は心の栄養になると思っています。

MEMO

パン粉は100gほど加えます。多く感じますがこの方が仕上がりが軟らかくなります。お肉をしっかり味わいたいときは、控えめにしてもOK。

白身魚とホタテのムース パイ包み焼き

材料（2人分）

ホタテ貝柱（大粒・刺し身用）・・・・・・・・・・・・・・・・・6個
タイの切り身・・・・・・・・・・・・・・・・・・・・・・・・・・・・80g
卵白・・・・・・・・・・・・・・・・・・・・・・・・・・・・・・・・・1個分
生クリーム・・・・・・・・・・・・・・・・・・・・・・・・・・・大さじ4
塩・・・・・・・・・・・・・・・・・・・・・・・・・・・・・・・・2つまみ
コショウ・・・・・・・・・・・・・・・・・・・・・・・・・・・・・・・少々
ホウレンソウ・・・・・・・・・・・・・・・・・・・・・・・・・・・・½束
冷凍パイシート（正方形）・・・・・・・・・・・・・・・・・・2枚
卵黄・・・・・・・・・・・・・・・・・・・・・・・・・・・・・・・・・1個分

作り方

1 ホウレンソウはさっとゆでて固く絞り、3cm幅に切る。
2 皮と骨を取り除いたタイとホタテ、塩とコショウをフードプロセッサーでペースト状になるまでよく混ぜる。ない場合は、すり鉢でよくする。
3 角が立つまで泡立てた卵白、生クリームを加えさらに混ぜる（写真**1**）。
4 半解凍させたパイシート1枚の中央に**3**の⅓量をのばす。その上に**1**をのせ、**3**の残りを重ねてのせる。溶いた卵黄をパイシートのふちに2cmくらいの幅で塗り、上からもう1枚のシートをかぶせる。
5 表面に残りの卵黄を塗り、ふちの4辺をフォークで押さえる。ナイフの先で数カ所、空気穴を開け、模様をつける（写真**2**）。
6 **5**を200℃のオーブン（予熱あり）で25〜30分焼く。皿に盛って食べやすい大きさにカットし、バターソースを添えていただく。

バターソース
材料

白ワイン・・・・・・・・・100cc	バター・・・・・・・・・・・・・・60g	
酢・・・・・・・・・・・・・大さじ1	レモン汁・・・・・・・・・½個分	
塩・・・・・・・・・・・・・1つまみ	プチトマト・・・・・・・・・・6個	
コショウ・・・・・・・・・・・少々		

作り方

1 プチトマトは縦に8つにくし切りにした後、2つに切る。バターはサイコロ状に切る。鍋に白ワイン、酢、塩、コショウを入れて中火にかける。
2 沸騰したら、バターを加え、軽く沸騰させて混ぜながら⅔量になるまで煮詰める。
3 溶けたらプチトマトを加え温める程度で火を止め、レモン汁を加えて混ぜる。

しっとりムース
驚くほどふわふわ

　フランス料理の定番、パイ包み焼きをご紹介します。

　ムースもフランスではよく作ります。すりつぶすので、形の悪い切り身や刺し身のさくを使っても大丈夫。タイ以外ならタラやサーモンでもおいしくできます。形がなくなるまで、よく混ぜてください。メレンゲを加えるので驚くほどふわふわの口当たりに。いつもの魚料理と違った食感が楽しめます。

　市販の冷凍パイシートは、正方形のものが作りやすくておすすめ。半解凍し、1枚の上にムース、ホウレンソウ、ムースと重ね、もう1枚をかぶせます。シートはふちを指で触って軟らかくし、フォークの先で押さえて2枚をくっつけます。私は表面にナイフで、放射線状に線を描いてみました。しっとりした中のムースとの相性は抜群です。

　せっかくですからバターソースも本格的に。ソースは水分と油分が分離しないよう、軽く沸騰させながら混ぜ続けましょう。焼きたてのままでもおいしいけれど、ソースをかけるとグッとごちそう感がアップします。

▱▱▱▱▱▱▱▱▱▱▱ M E M O ▱▱▱▱▱▱▱▱▱▱▱

アップルパイなどのお菓子はサクサクした生地になるようオーブンで長時間焼きますが、このパイはやや短めの時間で仕上げてほどよいしっとり感を残します。

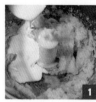
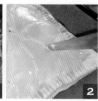

鶏胸肉のロースト

材料（2人分）

鶏胸肉·····················1枚
赤と黄のパプリカ··········各½個
ズッキーニ·················1本
カリフラワー···············½株
塩、コショウ···············各少々
オリーブ油···············大さじ1
ハーブ（ローズマリー、タイムなど）····適宜
A {
　カレー粉···············小さじ½
　はちみつ···············小さじ1
　ニンニクのすりおろし···1かけ分
　マスタード···············大さじ1
}

作り方

1 パプリカは乱切りに、ズッキーニは皮をしま目にむいて1.5cm幅の輪切りにする。カリフラワーは小房に分ける。

2 鶏肉に強めに塩コショウをし、混ぜた**A**を鶏肉の表面に塗る。

3 耐熱皿の中央に**2**、周りに**1**を並べる。**1**の上にオリーブ油を回しかけ、全体にハーブをのせる。200℃に予熱したオーブンで30分ほど焼く。

4 肉に火が通ったか確かめるには竹串を刺してみる。出てきた肉汁が透明になっていればOK。もしくは肉の厚みのある部分に少し切れ目を入れ、中が白くなっていればOK。

～～～ MEMO ～～～

オーブンがない場合はフライパンでも作れます。肉に焼き色をつけた後、周りに野菜を入れ、フタをして蒸し焼きにしてください。

お肉も野菜もたっぷり

　がっつりお肉が食べたい！　でも、ヘルシーじゃなきゃ嫌——そんなわがままをかなえるレシピを考えました。

　鶏の胸肉は、切らずに1枚まるごと焼きます。そうすることでパサつかず、しっとりと仕上がります。塩分は最初に味つけする塩コショウのみ。特に鶏肉は水分が多いので、最初の塩が肝心です。鶏胸肉は硬くなりやすいけれど、オーブンだとしっとり仕上がり、失敗しないのでおすすめです。火の通りが今一つだったら、もう数分焼いて様子をみるなど、臨機応変に使ってみましょう。

　野菜もたっぷり添えて、満足感のある一品になります。

イワシとプチトマトのオーブン焼き

簡単だけど豪華でおいしい!

　手間ひまをかけていないのに豪華に見えて、おいしくて、「料理上手だね」って褒められたい——。そんなリクエストに応える一品を考えました。

　三枚におろしたイワシには、しっかりと塩、コショウしておきます。野菜には味をつけなくて大丈夫。しっかり味つけしたイワシや元々うまみの強いトマト。反対に味が淡泊なズッキーニ。味の濃淡があることで、飽きずに最後まで食べられます。レモンのくし切りを一緒に焼いてもいいでしょう。

　オーブンから出したら、大皿ごとテーブルにのせましょう。熱したプチトマトがジューシーでソースのよう。魚はアジやサンマで作ってもおいしいです。魚は加熱が難しいけれどオーブンなら失敗知らず。硬くならずふっくら仕上がります。おしゃれで凝った料理に見えますが、準備する材料は少なめで、味つけも塩、コショウのみ。焼くのはオーブンにお任せ……といいことずくめです。

MEMO

香りづけのためのハーブは今回、ローズマリーを使いましたがお好みで。もしなければ、省いても構いません。

材料（2人分）

三枚におろしたイワシ	4匹分
プチトマト	8個
塩	3つまみ
コショウ	少々
緑色のズッキーニ	1/2本
黄色のズッキーニ	1/2本
オリーブの実	8個
オリーブ油	適量
ローズマリーなどのハーブ	適量

作り方

1　ズッキーニは一口大に切る。

2　イワシの両面にしっかりと塩コショウし、味をつける。

3　プチトマトをイワシで巻き、つまようじで留める。大きめの耐熱皿に並べる。

4　1とオリーブの実を3の皿の隙間に入れる。ハーブをのせて上からオリーブ油を回しかけ、200℃に予熱したオーブンで15分焼く。

ローストトマトのホットサラダ

トマトが主役 甘みが凝縮

トマトとモッツァレラチーズ、バジルを使ったサラダ「カプレーゼ」は、日本でもよく知られたイタリア発祥のサラダです。赤、白、緑とイタリア国旗と同じ色合いが楽しめる一皿で、多くの人に愛されています。

今回は、そんなカプレーゼのトマトだけをオーブンで焼き、ホットサラダにしてみました。オーブンで焼くことで、プチトマトの甘みが凝縮されジューシーな味わいに。生とは違う食感が楽しめます。前菜がメイン料理にランクアップしますよ。

プチトマトは赤だけでなく、黄やオレンジなど何種類かの色を用意すると彩りがきれいです。耐熱容器に並べて油を回しかけ、味つけしてオーブンで焼きます。オーブンがなければトースターや魚焼きグリルでもOK。トマトは水分が多いので、しっかり塩コショウしておきましょう。

後でトッピングするモッツァレラチーズは、一口サイズのものが手に入ればそのまま使えて便利です。なければ、塊のチーズを一口大にちぎってのせていきます。再度油を回しかけ、バジルを飾れば完成！

材料（2人分）

プチトマト・・・・・・・・・・・・・・・・・・・・・・20個程度
（あれば赤以外の色も）
モッツァレラチーズ（一口サイズ）・・・・・・100g
オリーブ油・・・・・・・・・・・・・・・・・・・・・・・大さじ2
塩・・・・・・・・・・・・・・・・・・・・・・・・・・・・・2つまみ
コショウ・・・・・・・・・・・・・・・・・・・・・・・・・・少々
バジル・・・・・・・・・・・・・・・・・・・・・・・・・・・・適量

作り方

1 プチトマトは洗ってヘタを取り、耐熱容器に並べる。油大さじ1を回しかけ、塩、コショウして200℃のオーブンで15〜20分焼く。
2 粗熱を取ってから、モッツァレラチーズをのせる（大きなものはちぎってのせる）。残りの油を回しかけ、バジルの葉を飾る。

MEMO

器の中の焼き汁はドレッシング代わりになります。バゲットにつけたり、ゆでたパスタを絡めたり。シンプルな肉料理の付け合わせ兼ソースにしてもいいです。ぜひ残さずに召し上がってください。

III

煮込み料理を
おうち定番に

具材を準備して、火にかけてことこと
煮込んでいる間に一品できてしまいます。
手間がかかると敬遠せずに
試してほしいレシピです。

キノコと牛肉の
赤ワイン煮

材料（2人分）
牛塊肉（煮込み用）‥‥‥‥‥‥‥‥‥‥‥300g
好みのキノコ‥‥‥‥‥‥‥‥‥‥‥2パック程度
（今回はシイタケ3枚、マッシュルーム1パック、
　　　　　　　　シメジ½パックを使用）
赤ワイン‥‥‥‥‥‥‥‥‥‥‥‥‥‥‥500cc
固形コンソメ‥‥‥‥‥‥‥‥‥‥‥‥‥‥1個
ベーコン‥‥‥‥‥‥‥‥‥‥‥‥‥‥‥‥4枚
塩‥‥‥‥‥‥‥‥‥‥‥‥‥‥‥‥‥2つまみ
コショウ‥‥‥‥‥‥‥‥‥‥‥‥‥‥‥‥少々
小麦粉‥‥‥‥‥‥‥‥‥‥‥‥‥‥‥大さじ1
サラダ油‥‥‥‥‥‥‥‥‥‥‥‥‥‥大さじ1
タイム、ローリエなどのハーブ（あれば）‥‥‥適宜

作り方
1 牛肉は4cm角に切り、塩、コショウして小麦粉を
　まぶす。フライパンに油を入れて中火にかけ、
　肉の表面にサッと焼き色をつける（写真**1**）。
2 ベーコンは2〜3cm幅に切る。好みのキノコは
　食べやすい大きさに分ける（シイタケは石突き
　を取って½〜¼くらいに切る、マッシュルームは
　半分に切る、シメジは小房に分けるなど）。
3 **1**に**2**を加え、赤ワインと水200cc（材料外）、
　コンソメ、あればハーブを加えて強火にかける
　（写真**2**）。沸いたら弱火にし、少しずらして
　フタをして45分ほど煮込む。
4 煮込んだらフタを取って強火にする。煮汁に照
　りやとろみが出てきて、量が⅓程度になるまで
　煮詰めていく。煮詰まったら味見をし、ワイン
　の酸味が気になるようなら砂糖小さじ1（材料
　外）で甘みを足し、味を調える。

意外と簡単

　キノコ類は赤ワインと相性バッチリ。フランスの伝統料理・牛肉の赤ワイン煮で、たくさんいただきましょう。ワインのコクや酸味が牛肉のうまみを引き立てます。ワインは価格が安いものでOK！　アルコール分は煮込むと飛ぶので、お子さんや妊婦さんも食べられますよ。

　牛肉は焼き色がつく程度に表面をサッと焼き、香ばしさをプラスします。側面も忘れずに焼きましょう。ベーコン、食べやすい大きさにした好みのキノコと一緒に煮ていきます。ベーコンを加えると、牛肉だけよりもコクが出るのでおすすめです。

　沸騰したら弱火にし、ふきこぼれないようずらしてフタをして煮ます。45分ほどたったらフタを取って強火に。ここから煮詰める時間は、ご家庭の火力によって多少差が出ます。目安は煮汁の量が⅓程度にまで減り、照りやとろみが出てくるまで。フライパンの中をよく見ながら煮詰めてくださいね。最後に味をみて調整し、完成です。難しそうなイメージですが、簡単でしょう？

MEMO
牛肉の部位は、バラ、もも、肩ロース、すね肉など、お好みで。牛肉が苦手な方は鶏もも肉にアレンジしてもOK。牛肉より軟らかいので、煮る時間は弱火で30分程度でよいでしょう。

ダイコンと豚バラのキャラメル煮

材料(2人分)

ダイコン(葉付きのもの)・・・・・・・・・・・・・・・・・・1/3本
豚バラ塊肉・・・・・・・・・・・・・・・・・・・・・・・・・・・400g
白砂糖・・・・・・・・・・・・・・・・・・・・・・・・・・・・・大さじ2
しょうゆ・・・・・・・・・・・・・・・・・・・・・・・・・・・・大さじ1
塩、コショウ・・・・・・・・・・・・・・・・・・・・・・・・各少々
バター・・・・・・・・・・・・・・・・・・・・・・・・・・・・・・20g

作り方

1 ダイコンは葉を取りおき、皮をむいて1.5cm幅の半月切りにする。豚バラ肉は1.5~2cm幅に切り、軽く塩、コショウしておく。

2 鍋に砂糖と大さじ1程度の水を入れて中火にかけ、しばらく触らず加熱する。砂糖が溶けてふちが茶色くなってきたら、鍋を傾けて全体の色を均一にし、濃い焦げ茶色になるまでさらにしっかり加熱してキャラメルを作る。

3 焦げてきたら1を入れ、ヘラなどに伝わせてひたひたの水を加えてフタをする(写真❶)。沸騰したらアクを取り、しょうゆを加えて再度フタをし、30~45分煮込む。途中何度か上下を返す。煮込んでいる間に、1で取りおいたダイコンの葉を別の鍋でさっとゆで、1cm幅に切る。

4 豚肉に竹串やナイフの先などを刺し(写真❷)、軟らかくなっているのを確認したらフタを取り、煮汁をとろっとするまで煮詰める。

5 仕上げにバターを入れて溶かして器に盛り、ダイコンの葉をちらす。

砂糖はしっかり焦がして

和食で大活躍のダイコンは、洋食でも使えます。おなじみの豚の角煮を、洋風にアレンジしてみました。

砂糖は煮込むときに加えるのではなく、先に少量の水で焦がしてキャラメルを作ります。甘みに香ばしさと少しの苦みが加わり、複雑な味わいになります。フツフツと煮立った泡がなくなるまで焦がし続けます。煙や匂いが出て、濃い焦げ茶色に変わるまでしっかりと。コーラのような色が目安です。焦がし足りないと、甘ったるくなるだけなので要注意。

豚肉は「角煮用」などとして売られている、カットされた肉でもOK。砂糖をキャラメルにして加えることで風味が増し、しょうゆの量は少なくてすむので、塩分控えめの煮物でもあります。煮詰めたら一度味をみて、足りなければ砂糖かしょうゆで味を調えます。バターは火を止める前に入れ、照りとコクを出します。加熱しすぎると香りがとぶので、一度かき混ぜたらすぐに火を止めてください。

一見、和風の角煮のようですが、食べるとバターとキャラメルの風味が口の中に広がります。

> **MEMO**
>
> 砂糖はグラニュー糖など白色のものが、仕上がりが美しくおすすめ。黒糖やきび砂糖などは焦げやすく色がわかりづらいのでキャラメルには不向き。キャラメルに水を入れるときははねに注意! ヘラなどで伝わせて。

トマトとチーズの洋風すき焼き

材料（2人分）

牛薄切り肉（すき焼き用）……………200g
トマト………………………………………中2個
カマンベールチーズ……………1個（約90g）
マッシュルーム……………………………2パック
クレソン………………………………………2束
タマネギ………………………………………1個
オリーブ油……………………………………大さじ1

　酒…………………………………………100cc
　しょうゆ…………………………………100cc
A みりん……………………………………100cc
　砂糖……………………………………大さじ1

作り方

1 タマネギは縦4つ割りにし、寝かせて繊維を断ち切るように1cm幅に切る。マッシュルームは石突きを取って縦2つに切る。

2 鍋に油をひき、牛肉を強火で色が変わる程度にさっと焼く（写真1・2）。

3 1とAを加え、フタをして中〜強火で火を通す。

4 タマネギが軟らかくなったら、ざく切りにしたクレソン、一口大に切ったトマトとカマンベールチーズを加えて（写真3）、さっと火を通す。

肉のうまみを逃がさない

　目先の少し変わったすき焼きはいかがでしょう。トマトとチーズを加え、洋風にアレンジしてみました。といっても、ベースの味はしょうゆ、砂糖、みりんといった「和」の調味料を使います。

　最初に鍋で肉をサッと焼くと香ばしさとコクがアップします。焼いた肉は取り出さずに端によけ、次の肉を焼きます。肉のうまみがすべて鍋に残るようにするのがポイントです。

　タマネギとマッシュルーム、調味料は同じタイミングで入れます。マッシュルームはうまみが強く、フレンチでは定番で使うキノコです。いつものシイタケやエノキとは違うおいしさに仕上がります。クレソンやトマトはフレッシュな感じを残したいので最後に。トマトの酸味が加わることで、すき焼きの甘みがほどよく中和され、飽きのこない味になります。彩りも美しいすき焼き、お試しください。

MEMO

チーズはカマンベールを使いましたが、あっさりしたモッツァレラもおすすめです。残った汁はうどんやお餅にも合います。

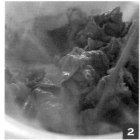

好みの魚介であったか鍋

　寒い日は鍋を囲みたいですね。「白い
ブイヤベース」とも呼ばれる仏ブルター
ニュ地方の魚介料理、コトリヤード鍋を
ご紹介します。

　魚介は好みのものを入れましょう。でき
れば2種類はあるといいですね。種類が
多いと味に深みが出ます。魚と貝を組み
合わせるといいですね。今回はスーパー
で売っていた寄せ鍋セットの具材を使っ
てみました。タラ、サケ各2切れ、エビ2
匹、ホタテ2個、ヤリイカ2杯。ほかにアサ
リ250gも加えました。魚介は煮すぎると
硬くなるので、後から入れます。

　タマネギを炒めるときは塩を1つまみ、
一緒に入れます。焦げにくくなるのと同
時に水分が抜けてうまみや甘みが凝縮す
るので、覚えておいてください。鍋に使う
ジャガイモは煮崩れしにくいメークインが
おすすめ。じっくり煮込んで軟らかくして
おくと、魚介のうまみをしっかり吸ってくれ
て、ジャガイモがごちそうになります。味見
して塩分が足りなければさらに塩、コショ
ウをしてください。

MEMO

締めはパスタでも、リゾットでもいいですね。白
ワインを多めに入れると味に深みが出ます。

コトリヤード鍋

材料（2人分）

タマネギ……………………………………½個
長ネギ………………………………………½本
ジャガイモ……………………………………2個
ニンジン………………………………………½本
ブロッコリー、インゲンなど……………適量
好みの魚介類………………………………適量
（白身魚、イカ、エビ、ホタテなど）
オリーブ油…………………………………大さじ1
　　┃ 白ワイン……………………………100cc
　A 固形コンソメ………………………1個
　　┃ タイム、ローリエなど（あれば）………適宜

作り方

1　タマネギと長ネギは薄切りにする。
2　ジャガイモとニンジンは大きめの乱切りにする。
3　鍋にオリーブ油をひき、1と塩1つまみ（材料
　　外）を入れ中火でしんなりするまでじっくり炒
　　める（写真1）。
4　2を加え水300cc（材料外）とAを入れてフタを
　　し、ジャガイモが軟らかくなるまで20〜30分煮
　　る。
5　好みの魚介類を加えて（写真2）さっと煮て、
　　ゆでたブロッコリーやインゲンを加える。

III 煮込み料理をおうち定番に

肉団子と白菜のトマト煮込みスープ

材料(4人分)

鶏ひき肉‥‥‥‥‥‥‥‥‥‥‥‥400g
卵‥‥‥‥‥‥‥‥‥‥‥‥‥‥‥‥1個
塩‥‥‥‥‥‥‥‥‥‥‥‥‥‥2つまみ
コショウ‥‥‥‥‥‥‥‥‥‥‥‥‥少々
缶詰のカットトマト‥‥‥‥‥1缶(400g)
白菜‥‥‥‥‥‥‥‥‥‥‥‥‥‥⅛個
ブロッコリー‥‥‥‥‥‥‥‥‥‥½個
ベーコン‥‥‥‥‥‥‥‥‥‥‥‥8枚
固形コンソメ‥‥‥‥‥‥‥‥‥‥1個
オリーブ油‥‥‥‥‥‥‥‥‥‥‥適量

作り方

1 白菜は葉の部分を2cm幅に、芯に近い白い
　部分は縦半分に切ってから1cm幅に切る。
2 鍋にトマト、空き缶の内側に付いたトマト
　の汁を使うために入れた水400cc（材料
　外）、コンソメと1を入れる。
3 ボウルにひき肉と卵、塩、コショウを入れて
　よく混ぜる。スプーンで好みの大きさの団
　子にして2の鍋に入れる。ここまで作ってお
　けばあとは火にかけるだけ。
4 鍋を火にかける。最初は強火で、沸騰した
　ら弱火に。フツフツする程度の火加減にし
　てフタをし、20分ほど煮込む。別の鍋で小
　房に分けたブロッコリーをゆでておく。
5 仕上げに5mm幅に切ったベーコンを加え、塩、
　コショウ(いずれも分量外)で味を調える。
6 器に盛ってブロッコリーを飾り、オリーブ油
　を一回しかけていただく。

栄養もボリュームも満点 おかずになるスープ

　朝夕の冷え込みが厳しい季節に家族みんな
が喜ぶ、ボリューム満点、白菜を洋風に食べる
スープを考えてみました。
　白菜は葉の先と芯に近い部分で火の通り方
が違うので、切り方を変えます。ひき肉は、ス
プーンで団子を形作りながら鍋に入れます。
私は食べ応えのある大きさのものがゴロゴロ
入っているのが好きなので、つい大きめに作っ
てしまいます。
　肉団子を全部入れてから、初めて鍋を火に
かけます。もし、鍋の直径が小さくて肉団子が
一度に入りきらなかった場合は、2回に分けて
入れても構いません。最初に鍋に入れた肉団
子がある程度固まったら寄せ、空いたスペース
に残りを入れます。時間差をつけて入れた場
合は、煮込み時間をそのぶん長めにしてくださ
いね。
　煮込んでいる間に、ブロッコリーをゆでたり
ベーコンを切ったりします。ベーコンは煮込む
と味が抜けるので、最後に加えます。
　具だくさんでトマト味のスープは、栄養バラ
ンスもバッチリ！

MEMO

形や大きさはお好みで。丸くしないでOK。きれい
に丸めなくていいと思うと、とても手軽に作れます。

豚バラ肉のトマト煮

材料（4人分）

豚バラかたまり肉‥‥‥‥‥500g
タマネギ‥‥‥‥‥‥‥‥‥1個
ニンジン‥‥‥‥‥‥‥‥‥1本
ジャガイモ‥‥‥‥‥‥‥‥1個
好みの春野菜‥‥‥‥‥‥‥適宜
（今回使ったのはインゲン10本、サ
ヤエンドウ10本、アスパラガス5本）
塩、コショウ‥‥‥‥‥‥各少々
白ワイン‥‥‥‥‥‥‥‥150cc
缶詰のカットトマト‥‥1缶（400g）
固形コンソメ‥‥‥‥‥‥‥1個
サラダ油‥‥‥‥‥‥‥‥小さじ1
ローリエ‥‥‥‥‥‥‥‥‥1枚

作り方

1 タマネギは皮をむいて8等分のく
　し切りにする。ニンジンも皮をむ
　いて4cmの長さにして縦に4等分
　に切る。
2 豚肉は4cm角に切り、塩、コショ
　ウをする。油を入れた鍋で、軽
　く色がつく程度に焼く。余分な
　脂はふき取る。
3 2に1を加え、水400cc（分量外）
　と白ワイン、トマトの水煮、ロー
　リエを入れて強火にかけ、沸騰
　したらアクを取って弱火にしてコン
　ソメを入れ、1時間煮込む。
4 器に盛り、ゆでて適当な大きさ
　に切った春野菜と、レンジで加
　熱して皮をむき大ぶりに切った
　ジャガイモを添える。

トマトの酸味でさっぱりと

　フランスで「春が来たなあ」と感じる料理は、子羊肉と春野菜を煮込んだシチュー「ナバラン」です。今回は作りやすいよう、豚バラ肉を使ったアレンジレシピをご紹介。トマトの酸味でさっぱりと食べられます。

　豚バラ肉は、煮込む前に塩、コショウをしてから表面を焼いておきます。こうすることで、濃厚なうまみを存分に引き出せます。肉と一緒に最初から煮込むのは、タマネギとニンジンだけ。「沸騰させてアクを取ってからコンソメ」という手順は、「鶏もも肉のマスタードクリーム煮」（30頁）と同じです。

　白ワインは味に深みをもたせますのでたっぷりと。肉も野菜も大きめにカット。特に肉は煮込む過程で小さくなるので。ニンジンと肉を竹串で刺して、軟らかくなっていたら仕上げへ。ゆでた春野菜やレンジで加熱したジャガイモは器に盛ってから加えます。一緒に煮込まないことで味にメリハリがつきます。赤、白、緑と色も美しく、食欲をそそる一品です。

> ◇◇◇◇◇◇◇◇ MEMO ◇◇◇◇◇◇◇◇
>
> 春野菜はインゲン、サヤエンドウ、アスパラガスを使いましたが、ソラマメやグリーンピースでもOK。季節により、時々の旬の野菜で年中楽しめます。

やわらかロールキャベツ

材料（2人分）

鶏ひき肉・・・・・・・・・・・・・・・・・・・・・200g
木綿豆腐・・・・・・・・・・・・・・・・・・・・・100g
片栗粉・・・・・・・・・・・・・・・・・・・・・大さじ1
春キャベツ（外側の大きな葉）・・・・・・・・8枚
固形コンソメ・・・・・・・・・・・・・・・・・・・1個
プチトマト・・・・・・・・・・・・・・・・・・・・・6個
ゆで卵・・・・・・・・・・・・・・・・・・・・・・・2個
ベーコン・・・・・・・・・・・・・・・・・・・・・・2枚
塩、コショウ・・・・・・・・・・・・・・・・・各少々

作り方

1 豆腐はペーパータオルで水分をふき取る。

2 キャベツの葉は、沸かした湯でサッとゆでる。

3 ひき肉はボウルに入れて塩、コショウし、1と片栗粉を加えてよく練る。たねを4つに分け、丸める。

4 2で3を包む。広げた葉の中央手前に3をおき、下、左右、上の順に葉を折って包む。もう1枚の葉を上からかぶせ、同様に包む。

5 4の巻き終わりを下にして鍋に入れる。ひたひたの水とコンソメを加えて火にかけ、30分ほど煮込む。

6 仕上げに2cm幅に切ったベーコン、プチトマトを加えてサッと煮る。縦2つに切ったゆで卵とともに盛りつける。

春キャベツの新定番
肉だねはしっかりと練る

春キャベツがおいしい季節におすすめの一品です。春キャベツの軟らかさを生かすには、どうしても生食かそれに近い調理法に偏りがちですが、ロールキャベツも試してほしいですね。

肉だねには鶏ひき肉を使い、さらに豆腐を加えて軽い食感に仕上げます。豆腐は水切りの必要はありません。ひき肉と豆腐を合わせて、しっかりと練るのがおいしさのポイント。「ミートローフ」（58頁）と同様に、ひき肉が白っぽくなって粘りが出て、肉の間に糸が引いたようになるくらいまで練るのが目安です。

できた肉だねは4つに分けて俵形にまとめます。キャベツできっちり包む必要はなく、緩くて大丈夫。巻き終わりを下にして鍋に入れますので、葉が少し破れていてもうまくカバーして使いましょう。中身がはみ出さなければいい、とおおらかに考えてくださいね。

肉がぎっしり詰まった「肉肉しい」ロールキャベツとは違った味わいを楽しんでください。

MEMO

ベーコンはスープの味出しになるので、他の料理でも味がものたりないと感じたらこのテクニックを使ってみてください。加熱したプチトマトがかむとジューシーなうまみであなどれません。省かず加えてほしいです。

IV

魚だって、こんなふうに

積極的に食べたい食材ですが
「下処理が大変」という声が多いのが
魚料理。お刺し身や焼き魚以外の
レパートリーがあると断然、
おうちごはんがたのしくなりますよ。

フィッシュ
ナゲット

材料(作りやすい量)

タラの切り身‥‥‥‥‥‥‥‥‥‥‥‥‥3切れ
塩‥‥‥‥‥‥‥‥‥‥‥‥‥‥‥‥‥2つまみ
コショウ‥‥‥‥‥‥‥‥‥‥‥‥‥‥‥少々
マヨネーズ‥‥‥‥‥‥‥‥‥‥‥‥‥大さじ2
小麦粉‥‥‥‥‥‥‥‥‥‥‥‥‥‥‥大さじ2
オリーブ油‥‥‥‥‥‥‥‥‥‥‥‥‥大さじ2
ミックスリーフなど葉野菜‥‥‥‥‥‥‥適宜
レモンのくし切り‥‥‥‥‥‥‥‥‥‥‥適宜

作り方

1 タラは皮を取り、細かく切って包丁でたたく
(ミキサーを使ってもよい)。ボウルに入れ
塩、コショウ、マヨネーズを加えてよく混ぜ
る。小麦粉を加え、食べやすい大きさに成形
する(写真 **1**・**2**)。

2 フライパンに油を熱し、1を7~8分かけて両面を
揚げ焼きにする(写真 **3**)。フライパンのふちに
立てかけながら、側面もよく焼く。

3 皿に盛り、ミックスリーフとレモンを添える。

揚げ物大好き!
マヨネーズを加えてコク

　私はお魚が大好き!　皆さんにも普
段の献立で、肉と同じように活用してほ
しいと思っています。子どもたちが大好き
なナゲットだって、魚で作れるんですよ。

　タラはミキサーがなければ、包丁で細
かくたたきます。形をそろえる必要はあり
ません。少々不ぞろいなほうが、食感が
楽しめます。ただ回数はサボらずしっかり
と。たたき方が足りないと、後で形がボ
ロボロに崩れてしまいます。丸めたとき
にパラパラと形が崩れないくらいが目安
です。たたけばたたくほど成形しやすくな
りますので頑張ってくださいね。

　味が淡泊なタラは、マヨネーズと合わ
せてコクを出しましょう。しっかり味をつ
けますので、ディップなど何もつけずに食
べられます。カレー粉を加えるなどのアレ
ンジも可能です。

　焼き加減もおいしさのポイント。写真
を参考に多めの油でしっかり色づくまで
カリッと焼きましょう。

　魚は肉と違って冷めても硬くなりにく
いのでお弁当にもぴったりです。

━━━━━━━ MEMO ━━━━━━━
タラでなくサーモンで代用してもOK。かさ増
ししたいときは、細かくつぶしたはんぺんを加
えてもいいでしょう。

タイのうろこ焼き

材料（2人分）

タイの刺し身用さく……………………………1本	
ジャガイモ……………………………………小2個	
カブ……………………………………………1個	
ニンジン………………………………………½本	
インゲン………………………………………7本	
バター…………………………………………10g	
片栗粉…………………………………………小さじ1	
サラダ油………………………………………大さじ2	
A｜白ワイン……………………………………150cc	
｜バター…………………………………………50g	
｜酢………………………………………………大さじ1	
｜レモン汁………………………………………小さじ1	

作り方

1 ジャガイモは皮をむき、縦半分に切って1個から1と½個分を薄切りにする。水にはさらさない。

2 バターを溶かし、片栗粉を混ぜて**1**にまぶす。

3 タイのさくは長ければ2つに切る。上に**2**を1枚ずつ、魚のうろこのように重ねて並べ（写真**1**）冷蔵庫に入れる。バターが白っぽくなり、触ってもうろこがずれなくなるまで冷やし固める。

4 インゲンは両端を落とし、2～3等分に切る。ジャガイモの残りは太さ7～8mmの棒状に切る。カブ、ニンジンは皮をむき、太さ7～8mmの棒状に切る。

5 **4**を沸騰させた湯（材料外）でゆでる。硬いものから順に入れていくと、ゆで上がりがほぼ同じ時間になる。

6 フライパンに油を入れ、塩、コショウ（材料外）した**3**をうろこの面を下にして入れる。動かさず、中火から弱火でじっくりと焼く。

7 ジャガイモに焼き色がつき、魚の身が白っぽくなるまで火を通す。裏返さない（写真**2**）。

8 ソースを作る。小鍋に**A**を入れ、火にかける。ときどき混ぜながら⅓量になるまで煮詰める。

9 皿に**5**を敷き、**8**のソースをかけ、**7**をうろこの面を上にしてのせる。

見た目にもたのしく
食卓が華やかに

食卓が華やかになる一品をご紹介します。見た目が豪華で食べやすいので子どもも喜ぶお魚メニューです。「うろこ焼き」といっても本物の魚のうろこを使うわけではなく、薄切りにしたジャガイモをうろこに見立てました。

ジャガイモは加熱しても型崩れしにくいメークインがおすすめ。ジャガイモはなるべく薄く切りましょう（1～2mmが目安）。水にさらさず、出てくるデンプンと片栗粉を使うことで、うろこをはがれにくくします。焼く前に冷蔵庫で冷やし固めると、焼いたときにうろこがはがれません。

焼くときは中火から弱火でじっくり焼きます。強火だと魚に火が通る前にジャガイモが焦げてしまいます。魚は動かさないように。たまにフライパンの向きを変えると、ジャガイモに焼きムラができず、きれいに色づきます。

ソースはこれを覚えておくと、応用できます。魚だけでなく肉にも合います。ジャガイモのボリュームもあり、シンプルなソテーがごちそうになります。

MEMO

今回は刺し身用のさくを使いましたが、もちろん切り身でもOK。サケやタラでもおいしくできます。アレンジを楽しんでください。

白身魚の白ワイン蒸し

簡単だけど豪華でおいしい！

　時間がないとき、電子レンジは頼りになる存在ですよね。レンジを使って簡単にできる、でも見た目は華やかな魚メニューをご紹介します。

　といってもフレンチですから、ソースだけは小鍋で作りましょう。レンジで加熱した後、魚とマッシュルームから出たうまみは白ワインと一緒になっています。この耐熱皿に残った煮汁を小鍋に移し、½の量になるまで煮詰めてください。フレッシュな酸味を味わいたいので、トマトの角切りを入れるのは最後に。これで本格的なソースのできあがりです。

MEMO

フレンチはソースがおいしいのでパンにつけたりご飯と一緒にいただいたり、最後まで楽しんで！マッシュルームはうまみが強いので、ぜひ使ってほしい食材ですね。

材料（2人分）

白身魚	2切れ
（タラ、サケ、タイなど）	
マッシュルーム	½パック
トマト	½個
白ワイン	150cc
バター	40g
パセリみじん切り	大さじ1
塩、コショウ	各少々

作り方

1　マッシュルームは薄切りに、トマトは5mm角に切る。

2　大きめの耐熱皿にマッシュルームを敷き、塩、コショウした魚をのせる。白ワインを加えてふんわりとラップをし、600Wの電子レンジで4分ほど加熱して中まで火を通す。火の通りにムラがあれば皿の向きを変えて再度レンジにかける。

3　魚を取り出し皿に盛る。

4　耐熱皿に残った煮汁とマッシュルームを鍋に移し½量になるまで煮詰め、バターを入れて溶かす。仕上げにトマトとパセリを加え、3にかける。

サンマとナスのマリネ

材料（2人分）

ナス‥‥‥‥‥‥‥‥‥‥‥2本
三枚におろしたサンマ‥‥‥3匹分
塩‥‥‥‥‥‥‥‥‥‥‥3つまみ
コショウ‥‥‥‥‥‥‥‥‥少々
オリーブ油‥‥‥‥‥‥‥大さじ2
万能ネギ（あれば）‥‥‥‥‥適量
A ｜ バルサミコ酢‥‥‥‥大さじ1
｜ 酢‥‥‥‥‥‥‥‥大さじ1
｜ しょうゆ‥‥‥‥‥大さじ1
｜ 砂糖‥‥‥‥‥‥‥大さじ1

作り方

1 サンマは斜め半分に切り、強めに塩、コショウする。ナスは、サンマと大きさがそろうよう細長い乱切りにする。
2 フライパンに油を入れて火にかけ、ナスをこんがり色づくまで両面焼いて取り出す。
3 同じフライパンにサンマを皮目から入れ、皮目をこんがりと焼く。身の面は軽く焼く。
4 2と3を皿に盛り、上から合わせたAをかける。
5 お好みで長さ4cmに切った万能ネギを散らす。

旬をこんがり、焼き浸しで

　サンマとナス、秋においしい2つの食材を使ってマリネを作ります。マリネ液に使うしょうゆは、フランスでも普段使いされるようになっていて、バルサミコ酢とは相性のよい組み合わせです。バルサミコ酢は和の味つけにも合うんですよ。
　サンマを焼くときは、まず皮目から。ほとんど皮目から火を通すつもりで、じっくりと焼きます。身が真っ白になるまで裏返すのは我慢しましょう。身のほうを焼く時間は、返して1分程度で大丈夫です。サンマは身が崩れやすいけれど、このやり方ならきれいに焼けます。サンマの代わりにイワシやアジを使ってもおいしいですよ。カブやレンコンなどほかの食材を同様に焼き、合わせるのも

OK。なすは焼きが甘いと食感がよくないので、焼き色がつくまでじっくり焼き付けてください。
　マリネ液と一緒に「焼き浸し」の要領で保存容器に入れておけば味がよくなじみ、立派な作り置きのおかずになります。「エスカベッシュ」（96頁）とはまた違う洋風南蛮漬けになります。

MEMO

サンマに強めに塩、コショウしておくこと。3つまみ分の塩をサンマにふるときは、塩をはじく皮のほうに1つまみ、身のほうには味がしっかりつくよう2つまみをふってください。

白身魚のスパイス焼き

材料（2人分）

メカジキ・・・・・・・・・・・・・・・・・・2切れ
プチトマト・・・・・・・・・・・・・・・・・10個
キュウリ・・・・・・・・・・・・・・・・・・・¼本
ピーマン・・・・・・・・・・・・・・・・・・・¼個
タマネギ・・・・・・・・・・・・・・・・・・・¼個
パクチー・・・・・・・・・・・・・・・・・・・1株
レモン汁・・・・・・・・・・・・・¼〜½個分
塩・・・・・・・・・・・・・・・・・・・・・・・2つまみ
コショウ・・・・・・・・・・・・・・・・・・・少々
チリパウダー・・・・・・・・・・・・小さじ1
オリーブ油・・・・・・・・・大さじ1と⅓

作り方

1 サルサソースを作る。プチトマト
　は縦に8つにくし切りにした後2
　つに切り、キュウリとピーマン、タ
　マネギは5mm角に切る。パクチー
　は茎、葉ともに細かく刻む。

2 1のパクチー以外の細かく切った
　野菜をボウルに入れ塩小さじ⅓
　（分量外）、コショウ、レモン汁
　をかけ、刻んだパクチーを加え
　る。最後にオリーブ油大さじ⅓を
　加えてよく混ぜる。

3 メカジキはペーパータオルで水
　分をふき取り、塩、コショウ、チ
　リパウダーをふりかける。

4 残りのオリーブ油をフライパン
　に入れて中火で熱し、3を入れ
　て焼く。

5 4が焼き上がったら皿に盛りつ
　け、2のサルサソースを上からか
　ける。

スパイスでホットに

　夏は冷たい食べ物や飲み物、冷房などで体が冷えやすいですね。そこで、スパイスを利かせた料理をご紹介。しっかり食べて、いい汗をかきましょう！

　今回の白身魚はメカジキを使いました。サバに替えてもいいですし、豚肉や鶏肉でもOK。

　スパイスはチリパウダーを使いますが、カレー粉、クミン、コリアンダー、粗びき黒コショウなどでもOK。1種類だけでなく、何種類か混ぜてもおいしいですよ。焼くと辛さはほどよく抜け、香りが残ります。チリパウダーはサルサソースに混ぜてもいいですし、和の照り焼きに加えたり、炒めものに加えてもおいしいです。塩を利かせてしっか

り味つけするのがポイントです。

　サルサソースのトマト以外の野菜は、8等分にしたプチトマトより小さめの5mm角に切ります。理由は、うまみが強いトマトに比べ、キュウリやタマネギは水分が多いから。味の薄い野菜は小さめに切って、ソースによくからむようにしておきましょう。

〜〜〜〜〜〜〜 MEMO 〜〜〜〜〜〜〜

パクチーが苦手な方は、大葉や万能ネギなどに替えても大丈夫。アレンジは自在です。お好みの「スパイス焼き」をみつけてくださいね。

サーモンのリエット

冷やして味に一体感

　秋から冬にかけておいしくなり、食卓に登場する回数が増えるあの魚……そう、サーモンを使った定番料理を作ります。

　フランスでは前菜として、バゲットにつけて食べることの多い「リエット」。見た目もピンクでかわいく、クリームチーズやハーブ、ディルなどと合わせてもいいですね。豚のバラ肉や肩肉を使ったものが知られていますが、鶏肉や魚を使うこともあります。今回はサーモンのさくを使って作ります。

　薄切りにしたタマネギをじっくり炒めるときは、塩1つまみをお忘れなく。サーモンは色が変わる程度にサッと焼き、白ワインを注いで煮込みます。

　煮込んだ具材は、十分に冷ましてから生クリームと合わせ、スプーンでつぶします。冷たくしてからのほうが生クリームとよくなじみ、味に一体感が出るからです。サーモンと生クリームの組み合わせは、シチューだけではもったいない！

　このリエットは冷蔵で3、4日保存可能ですが、作りたてもぜひ味わってみてくださいね。

MEMO

香りづけをするハーブはローリエだけでなくタイム、ローズマリーなど、お好みで用意してください。

材料（作りやすい量）

サーモンのさく・・・・・・・・・・・・・・・・・・150g
タマネギ・・・・・・・・・・・・・・・・・・・・・¼個
白ワイン・・・・・・・・・・・・・・・・・・・・・100cc
ニンニク・・・・・・・・・・・・・・・・・・・・・1かけ
ローリエ・・・・・・・・・・・・・・・・・・・・・1枚
塩・・・・・・・・・・・・・・・・・・・・・・・・・2つまみ
コショウ・・・・・・・・・・・・・・・・・・・・・少々
生クリーム・・・・・・・・・・・・・・・・・・・50cc
油・・・・・・・・・・・・・・・・・・・・・・・・・小さじ1

作り方

1　サーモンは1.5cm角に切り、塩、コショウをする。タマネギは薄切りにする。

2　小鍋に油を入れて火にかけ、タマネギと塩1つまみ（分量外）を加えてじっくり炒める。しんなりしたらサーモンを加える。色が変わったら白ワインを入れ、ローリエと半分に切ってつぶしたニンニクを加える。フタをして、弱火で15〜20分間煮る。

3　水分が残っているようなら、フタを取ってさらに加熱し、水分を飛ばす。ニンニクを取り除き、ボウルに移して冷ます。

4　生クリームを加えてスプーンでサーモンをつぶしながら混ぜる。ココットなどの器に入れて冷やす。

アジのタルタル

材料（2人分）

刺し身用アジ‥‥‥‥‥‥‥100g
塩、コショウ‥‥‥‥‥‥各少々
レモン汁‥‥‥‥‥‥‥‥¼個分
キュウリ‥‥‥‥‥‥‥‥‥½本
黄色のパプリカ‥‥‥‥‥‥¼個
赤タマネギ‥‥‥‥‥‥‥‥⅛個
ケッパー‥‥‥‥‥‥‥‥小さじ1
（ショウガの甘酢漬けやラッキョウ
漬け、ピクルスなどでも代用可）
ミントの葉‥‥‥‥‥‥‥‥適宜
（万能ネギ、パクチーなどでも代用可）
オリーブ油‥‥‥‥‥‥‥大さじ1

作り方

1 アジは1cm角に切って塩、コショ
　ウし、レモン汁の半量でマリネ
　する。
2 野菜は5mm角に切る。ケッパー、
　ミントは粗く刻む。
3 1と2をボウルに入れ、塩、コショ
　ウ、ケッパー、残りのレモン汁、
　オリーブ油で味をつける。ミント
　の葉を入れて混ぜる。盛りつけて
　ミントを飾る。

ケッパーやミントで爽やかに

　爽やかな酸味が楽しめ、初夏を感じさせる一
品で、おかずになるタルタルです。
　ポイントは、うまみのあるアジに最初に塩、コ
ショウの味をしっかりつけておくこと。こうすれば
後で水分の多い野菜と混ぜても味がぼやけませ
ん。アジがない場合はお刺し身用の生魚で代用
できます。
　アジも野菜も切り方とサイズが大切です。特
に夏野菜は水分が多いので、小さめに切りましょ
う。赤タマネギがなければ、普通のタマネギで代
用できますが辛みが強いので、切った後は一度水
にさらしてください。
　ケッパーは、よくスモークサーモンに添えられ
ている緑色の粒です。軽く刻んで加えると魚の生

臭さを消し、いいアクセントになります。ない場合
はショウガの甘酢漬けやラッキョウ漬け、ピクルス
などでも大丈夫。酸味と塩分が利いているものな
ら代用可能です。
　最後に加えるミントの葉がないときは、万能ネ
ギやパクチーの葉を刻んだものでもOK。和風に
アレンジしたければ、ミョウガや大葉などの薬味
を加えてもいいですね。

┌──────── M E M O ────────┐

水分の多い野菜の量を少し減らして、パンにの
せればオープンサンド風に。朝昼晩、いつでも食
べられますよ。

└─────────────────────────┘

レモンの酸味がポイント

　人気のタイ料理・トムヤムクン風のスープを作ってみました。エスニック料理は酸味、塩辛さ、甘みのバランスが大事です。ナンプラーは炒めものやスープ、チャーハンなど、いろいろ使えます。常備しておいてしょうゆに飽きたとき、アクセントとして使ってもいいかもしれません。味のポイントはレモンの酸味。うまみと甘みのバランスも絶妙な一品です。

　野菜はフレンチのようにじっくり炒めるのではなく、素材の食感を損なわないよう強火でサッと炒めます。エビは殻からいいだしが出ますので、殻付きのまま加えます。火を通しすぎると味が落ちますから、軽く炒める程度で。殻付きが手に入らなかった場合は、むきエビを使っても構いません。エビが苦手なら鶏のささみなどでアレンジしてもOK。辛いのがお好きな方は、ここで唐辛子を入れて一緒に炒めるといいでしょう。このスープにフォーやそうめんを入れてもおいしいです。見た目の印象より簡単に作れますよ。

MEMO

煮込むときのポイントは、アクを取ってからガラスープのもとを入れること。この手順は、これまでご紹介したコンソメなどと同じ。「アクを取ってから味つけ」を習慣づけてください。

トムヤムクン風スープ

材料(2人分)
マッシュルーム‥‥‥‥‥‥‥‥‥‥8個
タマネギ‥‥‥‥‥‥‥‥‥‥‥‥1/4個
エビ(殻付き)‥‥‥‥‥‥‥‥‥‥10尾
プチトマト‥‥‥‥‥‥‥‥‥‥‥10個
サラダ油‥‥‥‥‥‥‥‥‥‥‥大さじ1
鶏ガラスープのもと‥‥‥‥‥‥小さじ1
万能ネギ(またはパクチー)‥‥‥‥適量
塩、コショウ‥‥‥‥‥‥‥‥‥各少々
┌ ナンプラー‥‥‥‥‥‥‥‥小さじ2
A┤ レモンの搾り汁‥‥‥‥‥‥1/2個分
└ 砂糖‥‥‥‥‥‥‥‥‥‥‥小さじ1

作り方

1 マッシュルームは半分に切る。タマネギは繊維を断つように横に1cm幅に切る。

2 鍋に油を入れて熱し、1を強火でサッと炒める。全体に油がなじんだら、背わたを取ったエビを殻付きのまま加えて軽く炒める。

3 エビの色が変わったら水400cc(材料外)を加えて沸騰させる。アクを取ってからガラスープのもとを入れ、3〜5分程度煮込み、Aで味をつける。

4 仕上げにプチトマトを加え、塩、コショウで味を調える。皿に盛りつけ、4cmの長さに切った万能ネギを飾る。

V

肉も野菜も
しっかりたっぷり

お肉や野菜をたっぷり食べられる、
とっておきのレシピを紹介します。
うちの小さな子どもたちもこれなら
もりもり野菜を食べてくれるんです。

きのこの
ポタージュ

材料（2人分）

キノコ‥‥‥‥‥‥‥‥‥‥‥‥‥‥‥‥3パック
(種類はなんでもよい。シメジ、シイタケ、マッシュルームなど)
タマネギ‥‥‥‥‥‥‥‥‥‥‥‥‥‥‥‥½個
パセリ‥‥‥‥‥‥‥‥‥‥‥‥‥‥‥‥‥適量
塩、こしょう‥‥‥‥‥‥‥‥‥‥‥‥‥適量
生クリーム（お好みで）‥‥‥‥‥‥‥‥適量
牛乳‥‥‥‥‥‥‥‥‥‥‥‥‥‥‥‥‥150cc
固形コンソメ‥‥‥‥‥‥‥‥‥‥‥‥‥1個
サラダ油‥‥‥‥‥‥‥‥‥‥‥‥‥‥‥適量

作り方

1 タマネギは薄くスライスする。シメジは石づき
  を取り、小分けに割っておく。シイタケ、マッ
  シュルームは薄切りにする。

2 鍋に油を引き、タマネギを入れて塩1つまみを
  ふり、弱火でじっくり炒める。

3 しんなりしたらキノコを鍋に加え、水（分量
  外）、コンソメを入れて沸騰させる。水は具材
  がひたひたになる量が目安（写真**1**）。アクが
  出たら取り、水分が半量になるまで弱火で15
  分ほど煮詰める（写真**2**）。

4 3に半量の牛乳を入れハンドミキサーでピュー
  レ状にする（写真**3**）。残りの牛乳で伸ばしな
  がら喉ごしのよい状態に整える。お好みで生ク
  リームを加え、塩、こしょうで味を調え器に盛
  り付ける。お好みで刻んだパセリを散らす。

キノコの深い味わい

　キノコのおいしさをまるごと味わえるポ
タージュです。おいしいポタージュを作る
には、ミルクスープにならないようにキノ
コをたっぷり使うのがポイント。これは他
の素材でポタージュを作るときにも、必
ず守ってほしいポイントです。

　今回はシメジ、シイタケ、マッシュルー
ムを使いました。複数のキノコを組み合
わせることで、味に奥ゆきが出ます。

　冷凍保存ができるので、キノコが旬の
季節に作りおきをしておきましょう。

　自分好みのキノコの組み合わせが見つ
かると、作るのが楽しくなりますよ。

> **MEMO**
> キノコは八百屋さんやスーパーで手に入り
> やすいものでOK。えのきやエリンギ、舞茸な
> どお好みで。

アリゴ

ジャガイモ大好き！
チーズとの相性抜群！

フランス人はジャガイモが大好き。肉の付け合わせにマッシュポテトやフライドポテトがたっぷり添えられていますが、アリゴもフランスで人気のジャガイモ料理。一見、シンプルに見えますが、チーズとにんにくの風味がたまりません。

ジャガイモの下ごしらえは粉ふきいも要領です。ゆでるときは鍋のサイズなどに合わせて、ジャガイモがかぶるくらいの水を入れてゆでてください。

つぶした後、ザルで濾すと、口当たりがなめらかになります。鍋でゆでずに電子レンジを使うと簡単ですが、ゆでたほうがジャガイモの舌ざわりがよくなり、断然おいしくできます。

今回はソーセージを添えましたが、肉や魚だけでなく、蒸し野菜や焼いた野菜に添えたり、パンにつけたり。お好みで。

材料（作りやすい量）

ジャガイモ（できればメークイン）	中3個
バター	20g
ニンニク	1粒
牛乳	100cc
塩	適量
ピザ用ミックスチーズ	2つかみ
粗びき黒コショウ	少々

作り方

1 ジャガイモは皮を剥き、乱切りにし、鍋にかぶるくらいの水（分量外）とともに入れ、軟らかくなるまでゆでる。
　火が通ったらザルに上げて湯を切り、鍋に戻して再び火にかけ、粉ふきいも要領で水分を飛ばし、木ベラで粗くつぶしておく。（写真1）

2 別の鍋にバターをひき、ニンニクを加えて弱火で炒める。香りが立ったら牛乳と塩を加えて沸かす。

3 2が沸いたらチーズを加え（写真2）、混ぜながら溶かす（写真3）。

4 チーズが全体に溶けたら、1のジャガイモを加え、粗びき黒コショウを加えて混ぜる（写真4）。

5 器に盛りつける。

カフェ風ワンプレート

材料（2人分）

好みの葉もの野菜‥‥適宜	
アスパラガス‥‥‥‥4本	
サヤインゲン‥‥‥‥4本	**A**
ブロッコリー‥‥‥‥¼個	オリーブ油‥‥大さじ1
ピーマン‥‥‥‥‥‥1個	レモン汁‥‥‥‥‥適宜
キュウリ‥‥‥‥‥½本	酢‥‥‥‥‥‥小さじ1
プチトマト‥‥‥‥‥6個	**B** サラダ油‥‥‥大さじ2
タマネギ‥‥‥‥‥⅛個	マスタード‥‥小さじ1
ニンジン‥‥‥‥‥½本	塩、コショウ‥各少々
鶏もも肉‥‥‥‥‥‥1枚	**C** バター‥‥‥‥‥‥20g
ゆで卵‥‥‥‥‥‥2個	粉チーズ‥‥‥‥‥20g
食パン（6枚切り）‥‥2枚	

作り方

1 葉野菜は水で洗ってちぎる。タマネギは繊維を断つように薄切りにし、水にさらしてザルに上げる。それぞれ冷蔵庫に入れ、シャキッとさせる。

2 アスパラはがくを取って下⅓ほど皮をむき、長さ5cmに切る。サヤインゲンはへたを落として半分に切る。ブロッコリーは小房に分ける。沸かした湯でサヤインゲンを先にゆで、1分後に同じ湯にアスパラとブロッコリーを加え、さらに1分ゆで、ゆで上がりを同じにする。

3 鶏肉は強めに塩コショウ（分量外）をふり、一口大に切って、皮目を下にしてフライパンに並べる。皮目から弱火でじっくり火を通し、皮がカリカリになり、全体に火が通るまで焼く。

4 キュウリは皮をしま目にむき1.5cm幅の輪切りに、ピーマンは薄い輪切りにする。ニンジンはスライサーなどで千切りにし、塩小さじ⅓（分量外）でもんで水分を絞り、**A**で味つけしてラペにする。プチトマトは半分に切る。

5 **B**を混ぜ、ドレッシングを作る（写真**1**）。

6 **C**を合わせて練り混ぜ、食パンに塗ってトーストし、食べやすく切る。

7 皿に**1**、**2**、**3**、**4**と縦4つに切ったゆで卵を盛りつけ、**5**をかける。**6**を添える（写真**2**）。

休日のブランチ 野菜の食感を楽しむ

　ちょっと遅めに起きた日は、朝食と昼食を兼ねたおしゃれなブランチを作ってみませんか。

　野菜、肉や卵、トーストと栄養バランスを考え、ボリュームたっぷりのサラダ風にしてみました。野菜は生とゆで野菜、両方使うのがポイント。いろいろな食感が楽しめ、飽きずに食べられます。

　葉もの野菜はお好みでご用意ください。私はサニーレタス½個、ベビーリーフ10gを使いました。作り方の手順がやや多めなので、葉野菜を冷蔵庫に入れている間にゆで野菜を作り、鶏肉を焼く間にニンジンをラペにする、といった具合に効率的に作業しましょう。

　ラペは「カクテル風ライスサラダ」（108頁）のレシピを参考に。ここでは簡単に書いておきました。ニンジンから出た水気をしっかり絞ることをお忘れなく。

　ゆで卵はポーチドエッグにもアレンジ可能です。ドレッシングは市販のものは使い切れないのでこまめに手作りするのがおすすめです。すてきな休日をお過ごしくださいね。

ＭＥＭＯ

チーズトーストはピザ用チーズが定番ですが、粉チーズで作るとまた違ったおいしさが楽しめます。余りがちな食材なので、是非覚えておいてください。

エスカベッシュ

材料（作りやすい量）

豚こま切れ肉……300g	ローリエ……………1枚
赤パプリカ………¼個	唐辛子……………1本
黄パプリカ………¼個	粗びき黒コショウ…少々
ピーマン…………½個	白ワインビネガー
タマネギ…………¼個	……………大さじ4
小麦粉………大さじ2	A 水…………100cc
サラダ油……大さじ2	塩…………小さじ1
	砂糖………小さじ5

作り方

1 豚肉はほぐしてペーパータオルで余分な水分を取り、大きなものは一口大に切る。塩、コショウ（分量外）して小麦粉をまぶす。

2 フライパンに油を入れて中火で熱し、1を広げて焼く。なるべく触らずに軽く焼き色がつくまでしっかりと焼き付け、出た脂は取っておく（写真**1**）。

3 パプリカとピーマンは芯と種を取り、タマネギは根の部分を落とす。それぞれ横に2つに切ってから、1.5cm幅に切る（写真**2**）。

4 小鍋にAを入れて中火にかける。沸騰したら一度味をみて、物足りなければ好みの調味料を足す。ローリエと唐辛子、粗びき黒コショウを加える。

5 パプリカとタマネギを加え、ひと煮立ちしたら火を止める。粗熱が取れたらピーマンと2で取っておいた脂を小さじ1を加える（写真**3**）。

6 2をさらに盛り付け、5を上からかける。保存する場合も同様に、先に2を容器に入れて上から5をかける。

夏野菜を主役に

夏野菜がたくさん食べられる地中海料理、エスカベッシュは日本では「南蛮漬け」としておなじみですね。フランスやスペインでは夏場によく食べます。アジなどの魚だけでなく鶏肉や豚肉でも作ります。作り置きも可能で、おかずやおつまみに大活躍するレシピ。今回は豚こま切れ肉を使います。

家政婦として多くのご家庭の冷蔵庫を拝見しますが、豚こま切れ肉は「遭遇率」の高い食材の一つです。値段も手ごろで献立の強い味方ですが、炒めものぐらいにしか活用されていないのが残念。エスカベッシュは「豚こま活用レシピ」としてもおすすめです。

和風の南蛮漬けの野菜は千切りのイメージがありますが、これは大きめに切り、歯ごたえを楽しみます。ピーマンは色と歯ごたえを味わうため、生でOK。肉を焼いて出た脂はマリネ液に最後に加えます。うまみたっぷりの油分で酢の酸味がやわらぎ、味に一体感が出ます。1〜2日おくと、しっかり味がなじみます。できたても、冷やしても、どちらもおいしいですよ。

MEMO
酢は、白ワインビネガーかリンゴ酢がすっきりしていておすすめですが、穀物酢を使う場合は、量をやや控えめにするとよいでしょう。

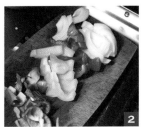

豚ロースのソテー 春野菜の バター煮添え

材料（2人分）

豚ロース肉（トンカツ、ソテー用）…………2枚
スナップエンドウ………………………10本
絹サヤ………………………………10本
インゲン……………………………20本
グリーンピース………………………60g
タマネギのみじん切り………………大さじ1
バター………………………………20g
塩……………………………………2つまみ
コショウ………………………………少々
サラダ油………………………………大さじ1
白ワイン………………………………50cc

作り方

1 豚肉はペーパータオルで水分をふき、塩、コショウで下味をつける。

2 バター煮を作る。スナップエンドウと絹サヤは筋を取る（写真**1**）。サヤインゲンはへたを落とし、食べやすい大きさに切る。鍋に湯を沸かし、グリーンピース、サヤインゲンを入れた1分後に絹サヤとスナップエンドウを加え、ともにゆでる。湯に塩は入れない。同時にザルに上げ、湯を切る。ゆで汁は50cc取っておく。

3 豆を鍋に戻し、取っておいたゆで汁とバターを加え、煮汁を豆に含ませながら強火で煮詰める（写真**2**）。軽くとろみがついたら、仕上げにタマネギのみじん切りを加え、絡める。

4 ソテーを作る。フライパンに油をひき1を入れる。ヘラなどで押さえながら、強火でしっかり両面に焼き色をつける。取り出してアルミホイルでくるみ、休ませる。

5 4のフライパンを手前に傾け、余分な脂だけをペーパータオルでふく。白ワイン、同量の水（材料外）を加え煮詰め、ソースにする。4のアルミホイルの中に肉汁が出ていれば加え、ソースが⅓〜¼量になるまで煮詰める。

6 皿に3を敷き、4の肉をのせ5を回しかける。

ゆで汁はうまみ「だし」

グリーンピースやサヤインゲン、絹サヤ、スナップエンドウ……春はいろいろな豆を味わいたくなる季節です。美しいグリーンを生かした一皿を作ってみませんか。

生のグリーンピースを使います。冷凍は便利ですが、おいしさが違います。生が入手できる時期に是非お試しください。マメ科の野菜は同じ鍋の湯で、時間差をつけてゆでていきます。ゆで汁はうまみが出ている「だし」ですから、活用しない手はありません。後でバター煮を作る際に加えますから、ゆでるときに湯に塩は入れないでくださいね。

肉は余熱で中まで火を通します。硬くならず、しっとりジューシーに仕上がります。同じフライパンで続けてソースを作りますが、肉のうまみをふき取ってしまってはもったいない！　傾けて余分な脂だけペーパータオルで吸い取って。アルミホイルに肉汁が出ていれば、ソースに加えましょう。

これでソテー、バター煮とも、うまみを逃がさず仕上がりました。肉にしっかり味つけした一方で、添える野菜はやさしい味わいに。

　━━━━ M E M O ━━━━
今回は豚ロース肉を使いましたが、鶏もも肉や胸肉で作ってもおいしいですよ。

▽肉も野菜もしっかりたっぷり

豚こまの洋風野菜炒め

材料（2人分）

豚こま切れ肉・・・・・・・・・・・・・・・150g
キャベツ・・・・・・・・・・・・・・・・・・・⅙個
パプリカ（赤、黄）・・・・・・・・各⅓個
ピーマン・・・・・・・・・・・・・・・・・・・2個
ジャガイモ・・・・・・・・・・・・・・・・・1個
ニンニク・・・・・・・・・・・・・・・・・1かけ
アンチョビ・・・・・・・・・・・・・・・・・4枚
塩、コショウ・・・・・・・・・・・・各少々
オリーブ油・・・・・・・・・・・・・大さじ2

作り方

1 ジャガイモは皮をむき、1cm角の拍子木切りにする。パプリカとピーマンは乱切りに、キャベツは一口大に切る。ニンニク、アンチョビはみじん切りにする。豚肉は塩コショウしておく。

2 フライパンに油大さじ1をひき、ジャガイモを弱火で炒める。なるべく触らず、じっくり火を通す。

3 火が通ったらキャベツ、パプリカ、ピーマンの順に加えて中火でサッと炒め、まとめてザルに上げる。

4 同じフライパンに残りの油をひき、豚肉を弱めの中火で炒める。火が通ったらアンチョビ、ニンニクを加えて炒める。

5 香りがたってきたら、3の野菜をフライパンに戻して強火で炒め合わせる。

味つけはシンプルに

ご家庭の冷蔵庫に大抵あるこま切れ肉を使い肉野菜炒めを洋風にアレンジしてみましょう。

まずは野菜から。ジャガイモは弱火でじっくり火を通します。野菜炒めにジャガイモを入れるのは珍しいですが、ボリュームが出ますし、アンチョビとの相性が抜群！　次に加える野菜はキャベツとパプリカ。その後にピーマン。この順番は間違えないでください。

サッと炒めたら、野菜の油を切るためにいったんザルに上げます。ボウルだと野菜が蒸れてしんなりしてしまうので、「シャキシャキ」を目指すなら、ザルをお忘れなく。

同じフライパンで肉を炒め、アンチョビやニンニクで味をつけたら野菜を戻します。最後はサッと強火で。フライパンはあおる必要はありません。

味つけはアンチョビとニンニクのみ。ほかに調味料は必要ありません。シンプルですが、色がきれいに仕上がります。いつもとひと味違ったおしゃれな肉野菜炒めの完成です。

MEMO

肉野菜炒めの野菜をシャキシャキに仕上げるには、肉と野菜を別々に炒めるのがポイントです。

ポークチャップ

材料（2人分）

豚ロース厚切り肉‥‥‥‥‥‥2枚
（トンカツ、ソテー用など）
タマネギ‥‥‥‥‥‥‥‥‥‥1個
ピーマン‥‥‥‥‥‥‥‥‥‥3個
マイタケ‥‥‥‥‥‥‥‥‥1パック
塩‥‥‥‥‥‥‥‥‥‥‥‥1つまみ
コショウ‥‥‥‥‥‥‥‥‥‥少々
ケチャップ‥‥‥‥‥‥‥‥大さじ2
オリーブ油‥‥‥‥‥‥‥‥大さじ2

作り方

1 豚肉は1.5cm幅くらいの棒状に
切り、塩、コショウする。

2 タマネギは8等分のくし切り、
ピーマンは乱切り、マイタケは
食べやすくさく。

3 フライパンに油大さじ1を入れて
熱し、2を強火でサッと炒めて
ザルに上げる。

4 同じフライパンに残りの油を入
れて熱し、1を焼く。肉に火が
通ったらケチャップで味をつけ、
3を戻し入れてサッと混ぜる。

ご飯がすすむ満腹おかず

　子どもたちが好きなので、家では濃厚なケチャップ味のおかずをよく作ります。これは、うちの食卓にもよく登場する一品。今回はボリューム重視！で、トンカツやソテー用の厚切りの豚肉で作ります。小さなお子さんやお年寄りがいるご家庭は、肉を軟らかい鶏もも肉に替えてもいいですね。塩、コショウでしっかり味をつけておきます。

　炒めものの基本は、「豚こまの洋風野菜炒め」（100頁）でお伝えした通り、肉と野菜を別々に炒めること。先に野菜を強火でサッと炒め、ザルに上げておきます。これで野菜のシャキシャキ感を残すことができます。野菜に味をつけすぎないのもポイントです。薄味の野菜と、しっかり味がついた肉。2つの味のメリハリがあることで、飽きずに食べ続けることができるのです。

MEMO

味つけにニンニクを加えたら、よりガッツリおかずにパワーアップ。食べ盛りの男の子がいるご家庭でも、きっと満足していただけるはず。お弁当のおかずにもピッタリですよ。

セロリと牛肉のオイスターソース炒め

材料(2人分)

牛こま切れ肉······200g
セロリ······1本
ニンニク······1かけ
ショウガ······1かけ
オイスターソース······大さじ1
塩······1つまみ
コショウ······少々
サラダ油······大さじ2

作り方

1 牛肉は幅3cm程度に切り(小さければそのまま)、塩、コショウする。
2 ニンニク、ショウガはみじん切りにする。
3 セロリは筋を取って7~8mm幅の斜め切りにする。葉の軟らかい部分はざく切りにする。
4 フライパンに油大さじ1をひき、強火で3をサッと炒め、ザルに上げる。
5 フライパンに残りの油をひき、1を炒める。色が変わったら2を加え、香りが立ったらオイスターソースを加えて味をつける。
6 フライパンに4を戻し入れ、全体をサッと混ぜて皿に盛る。

苦手克服!　やみつきの味

サッと作れて主菜になる。毎日の献立で、炒めものは困ったときの味方です。でも、食卓に頻繁に登場させるからマンネリになりがち。そこで今回は、苦手な人が多そうなセロリをあえて食材に選んでみました。定番の炒めものに加えてくださいね。

セロリはうまみの強い牛肉と合わせると、独特の香りがやわらぎます。さらに、オイスターソースで味つけすれば、塩炒めなどよりずっと食べやすくなりますよ。香りの強いセロリははまるとやみつきになる野菜。このレシピでセロリ好きを増やしたいです。

肉と野菜を別々に炒めるのは、野菜を炒めすぎてベチャッとさせないため。そして肉だけにしっかり味をつけ、食べたときに味にメリハリが出るようにするためです。お好みの野菜で楽しんでください。

MEMO

炒めものというと具を全部炒めてから味つけしがち。メインにだけしっかり味をつけて。そのほうが野菜から余分な水分が出にくく味がぼやけません。味にメリハリをつけるのが私流です。

手羽元のマヨカレー焼き

材料（2人分）

鶏手羽元‥‥‥‥‥‥‥‥8本
（手羽中、鶏もも肉でも可）
クレソンなど付け合わせ野菜
‥‥‥‥‥‥‥‥‥‥‥適宜

A{
はちみつ‥‥‥‥‥‥大さじ1
しょうゆ‥‥‥‥‥‥大さじ2
カレー粉‥‥‥‥‥‥小さじ½
マヨネーズ‥‥‥‥‥大さじ1

作り方

1 ボウルに手羽元を入れ、**A**を加えてマリネする。夏場など気温の高い時期は冷蔵庫に入れ、最低15分おく。
2 天板にオーブンシートを敷いて**1**を並べ、漬け汁を上からかける。200℃に予熱したオーブンで20〜25分焼く。
3 クレソンなどの付け合わせとともに皿に盛る。

マリネして15分、コクも出る

家計の味方、鶏の手羽肉は食卓への登場回数も多いはず。たまには、いつもとちょっと違う味つけをしてみませんか。あっさりした手羽肉と相性抜群の、濃厚なマヨネーズ味にして焼いてみましょう。

手羽元をボウルに入れ、はちみつとしょうゆ、カレー粉、マヨネーズを合わせた調味料でマリネします。マヨネーズで肉が軟らかくなり、コクも出ます。肉はフォークで刺しておかなくても大丈夫です。この状態で最低15分はおいておきます。夏場など気温の高い時期は冷蔵庫に入れてください。一晩おくとよりしっかり味がなじみます。オーブンで20〜25分焼けばできあがり。

簡単でしょう？

手羽元は軟らかくなりにくいけど、オーブンだと全体に火が入るので、失敗なく軟らかジューシーに。焼いている間にほかのこと（副菜を作るなど）ができるのもうれしい。お好みでレモンを添えてもいいですね。

> **MEMO**
>
> 前の晩にジッパー付き保存袋でマリネしておいて、キャンプやバーベキューに持っていくのもおすすめ。手羽肉料理のレパートリーに加えていただけるとうれしいです。

モヤシの甘辛ジャンボ肉巻き

材料（2人分）

牛薄切り肉‥‥‥‥‥‥4枚（200g）
（すき焼き用）
モヤシ‥‥‥‥‥‥‥‥‥‥‥‥1袋
サラダ油‥‥‥‥‥‥‥‥‥大さじ1
付け合わせの野菜‥‥‥‥‥‥適宜
A ┌ しょうゆ‥‥‥‥‥‥‥大さじ1
  │ バルサミコ酢‥‥‥‥‥大さじ2
  └ はちみつ‥‥‥‥‥‥‥大さじ1

作り方

1 牛肉を広げ、少し重ねて横に2枚並べる。手前にモヤシの半量を棒状にのせ、手前から向こうへ巻いていく。これを2本作る。

2 フライパンに油をひいて中火にかけ、1の巻き終わりを下にして入れる。動かさずにしっかり焼き、巻き終わりが固まったら裏返す。肉に火が通ったらいったん火を止める。

3 Aを加えて、再度火をつけてときどき肉を転がしながら照りが出るまで煮詰めて肉に絡める。

4 幅2cmくらいの輪切りにし、ゆでた付け合わせの野菜を添える。

モヤシと牛肉だけという潔さ

モヤシは家計の強い味方です。かなりの割合でご家庭の冷蔵庫にある定番食材ですが、調理法はなぜか炒めものばかり。そこで、モヤシがメインになるおかずのレシピを考えてみました。少量の肉でもボリューム満点の見た目になりますよ。

すき焼き用の大きな薄切り肉2枚を、少し重ねて並べます。肉の幅が細ければ4～5枚使って並べ、全体の横幅が20cm程度になるようにしてください。手前にモヤシ半量を棒状に並べ、クルクルと巻いていきます。長さが足りなければほかの肉を足します。肉に穴が開いていても気にせず巻き、最後にほかの肉でふさぐとよいでしょう。

仕上げはフライパンで肉汁と調味料を合わせ、甘辛いタレを作って肉に絡めます。バルサミコ酢が利いた、おしゃれなモヤシ料理の完成です。

付け合わせのゆで野菜は、私はブロッコリー½個、オクラ4本を使いました。モヤシの定番料理にぜひ、加えてくださいね。

> **MEMO**
>
> 牛肉は量はいらないので少しいいものを使ってみてください。肉はしゃぶしゃぶ用の豚薄切り肉でも作れます。

ピリ辛ダレで水ギョーザ

材料(2人分)

豚ひき肉‥‥‥‥‥‥‥‥‥‥100g
キャベツ(または白菜)‥‥‥‥100g
ニラ‥‥‥‥‥‥‥‥‥‥‥‥¼束
塩‥‥‥‥‥‥‥‥‥‥‥‥2つまみ
コショウ‥‥‥‥‥‥‥‥‥‥少々
酒‥‥‥‥‥‥‥‥‥‥‥‥小さじ1
ギョーザの皮‥‥‥‥‥‥10〜12枚
パクチー(飾り用)‥‥‥‥‥‥適宜
　(ピリ辛ダレ)
　しょうゆ‥‥‥‥‥‥‥‥大さじ2
　砂糖‥‥‥‥‥‥‥‥‥‥大さじ1
A 酢‥‥‥‥‥‥‥‥‥‥‥‥大さじ1
　豆板醤‥‥‥‥‥‥‥‥‥大さじ1
　ラー油‥‥‥‥‥‥‥‥‥大さじ1
　万能ネギの小口切り‥‥‥‥適量
　(辛くないゴマダレ)
　しょうゆ‥‥‥‥‥‥‥‥大さじ2
　砂糖‥‥‥‥‥‥‥‥‥‥大さじ1
B 酢‥‥‥‥‥‥‥‥‥‥‥‥大さじ1
　すりゴマ‥‥‥‥‥‥‥大さじ1〜2
　ゴマ油‥‥‥‥‥‥‥‥‥大さじ1

作り方

1 キャベツはみじん切りに、ニラ
　は小口切りにしてボウルに入
　れ、塩1つまみを加えてもみ、水
　分をよく絞る。
2 別のボウルにひき肉を入れ、残
　りの塩とコショウ、酒を加えて
　肉が白っぽくなるまでしっかり練
　る。1を加えて混ぜる。
3 2の肉だねをギョーザの皮で包
　む。ひだは作らず、まず最初に二
　つ折りにした皮の中央部分を留
　め、水をつけながら両端まで押さ
　えていく。鍋で沸かしたたっぷり
　の湯に重ならないように入れ4〜5
　分、浮き上がってくるまでゆでる。
4 A、Bをそれぞれ混ぜ合わせる。
5 3を皿に盛り、4をかけてざく切
　りにしたパクチーを飾る。

野菜の水分をよく絞って

　みんなが大好きなモチモチ、つるんとした水ギョーザは、ピリ辛ダレによく合います。辛いものが苦手な方もご安心を。「辛くないタレ」のレシピもご用意しました。

　キャベツは白菜に替えても構いません。ギョーザは野菜が少ないとおいしくないので、豚ひき肉とキャベツは同量使いましょう。肉だねのひき肉は「やわらかロールキャベツ」(76頁)などのときと同様に、白っぽくなって粘りが出るまでしっかり練ります。野菜を加えるのはその後で。一緒に練ると粘りが出なくなってしまいます。

　ギョーザの皮は市販のものを使ってOK。包み方も焼きギョーザのようなひだは寄せず、二つ折りにして周りを留めていくだけで大丈夫です。焼きギョーザより手間が少ないしゆでることでのもちもちと食べ応えも出てボリュームアップ。焼くよりゆでるほうが失敗しにくいのでおすすめです。

MEMO

2種類のタレを作るのは難しくありません。どちらもしょうゆ、砂糖、酢までは使う調味料と分量は同じ。辛くしたければ豆板醤やラー油を利かせ、辛くないタレがお好みならゴマ風味に。

プチサレ（塩豚）のサラダ仕立て

材料（2人分）

豚バラ塊肉‥‥‥‥‥‥‥‥‥1本
　　（300〜350g程度）
塩‥‥‥‥‥‥‥‥‥‥肉の1.2%
　　（今回は小さじ2/3程度）
コショウ‥‥‥‥‥‥‥‥‥‥少々
付け合わせ用生野菜‥‥‥‥‥適宜
（キュウリ、タマネギ、セロリなど）
タイム、ローリエなどのハーブ（あ
れば）‥‥‥‥‥‥‥‥‥‥‥適宜
（ドレッシング）
A
├ 塩‥‥‥‥‥‥‥‥‥‥‥1つまみ
├ コショウ‥‥‥‥‥‥‥‥‥少々
├ マスタード（あれば）‥‥小さじ1
├ 酢（できればリンゴ酢）‥‥小さじ1
└ オリーブ油‥‥‥‥‥‥‥小さじ3

作り方

1 豚肉は塩、コショウを全面によ
くすり込み、空気が入らないよ
うぴったりラップをする。二重、
三重にしっかりくるんで冷蔵庫
に2〜3日おく。

2 鍋にたっぷりの水とラップを外
した1を入れ、強火にかける。
沸騰して続く程度のごく弱火に
し、あればハーブを加えて軟ら
かくなるまでゆで続ける。湯の
量は常に肉がかぶるくらいに保
ち、減ってきたら足す。ゆで時
間は45分程度。

3 ドレッシングを作る。Aのうちオ
リーブ油以外を小さなボウルに
入れ、スプーンで混ぜる。最後
にオリーブ油を少しずつ加えな
がら、とろりと乳化するまでよく
混ぜる。

4 肉を取り出して粗熱を取り、水
分をふいて好みの大きさに切
る。付け合わせの生野菜と一緒
に皿に盛り、3のドレッシングを
かけていただく。

MEMO

塩豚はソテーしたり、刻んで料
理に使ったりとアレンジ可能。
冷凍保存もできるので、時間
のあるときに作っておくと安心
です。

弱火で長くゆで、やわらかく

　サレはフランス語で「塩味」の意味で、豚肉を長期保存する
ための伝統的な調理法です。イタリア料理のパンチェッタに似
ていますね。今回は、たっぷりの生野菜と一緒にいただきます。
　マリネした塊肉を、ピッタリとラップでくるんで冷蔵庫で2〜
3日おきます。この期間に塩がなじみ、うまみがアップします。
　ゆでるときは、強火にしない。しっとりジューシーに仕上げ
るポイントです。沸騰してアクを取ったらギリギリ沸騰が続く
程度の弱火にします。ここからのゆで時間は45分程度が目
安です。長くゆでるほど軟らかく仕上がります。
　ゆでている間にドレッシングを作りましょう。材料は一度に
混ぜるのではなく、油だけは最後に。少しずつ加えながらよく
混ぜ、分離しないようにします。
　付け合わせの生野菜はお好みで。私はセロリとタマネギ、
キュウリ、レタスを使いました。

豆腐チーズコロッケ

材料（2人分）

豚ひき肉	200g
タマネギ	¼個
サラダ油	大さじ1
ピザ用チーズ	2つかみ
大葉	5枚
小麦粉	大さじ1
木綿豆腐	150g
塩	3つまみ
コショウ	少々
溶き卵	1個分
パン粉	適量
揚げ油	大さじ3〜4
付け合わせの野菜	適宜

（キュウリ、プチトマト、ゆでたブ
ロッコリーなど）

くし切りにしたレモン	適宜

作り方

1 豆腐は皿など重しをのせて10
分ほど水切りする。厚みが⅔程
度になるまでが目安。タマネギ
はみじん切りにする。大葉はち
ぎっておく。

2 フライパンにサラダ油とタマネ
ギを入れて中火にかけ、塩1つま
みを加えてしんなりするまでじっ
くり炒める。

3 ひき肉を加え、色が変わった
ら残りの塩とコショウで味つけ
し、小麦粉を加えて混ぜ、火を
止める。粗熱を取る。

4 3にほぐした豆腐、ピザ用チー
ズ、大葉を入れてよく混ぜ、全
体がまとまったら、6等分して小
判形に成形する。

5 4に小麦粉（分量外）、溶き卵、
パン粉の順に衣をつける。

6 フライパンに揚げ油を熱し、5
を揚げ焼きにする。表裏だけで
なく、側面もしっかり焼く。

7 皿に盛り、付け合わせの野菜と
くし切りにしたレモンを添える。

揚げ油は少量でOK

豆腐はたんぱく質が豊富なので、肉と同じように調理する
とおいしいです。崩して火を通しそぼろ状にするとか、オリー
ブ油やバターで焼いてステーキにするとか。今回は豆腐でコ
ロッケを作ってみました。

タマネギのみじん切りは、塩1つまみを加えてじっくり炒め
て。ひき肉を加え、菜箸でポロポロになるまで炒めます。
後で加えるチーズが溶けないよう、粗熱は取っておきます。
味のポイントとなるチーズは、豆腐とひき肉などをバラバラ
にせずまとめる接着剤の役割も果たします。

私は揚げ油をたっぷり使うことはしません。油は残ると酸
化しますし、もったいないですよね。家政婦としてお邪魔した
お宅に大量の油を残すのは申し訳ないので、油が少量で済
む揚げ焼きにするようになりました。コツは弱火で「焼く」イ
メージ。熱の伝わり方が下からだけになるので、揚げるときよ
りも時間をかけて、じっくり火を通します。「フィッシュナゲッ
ト」（78頁）と同様、側面もしっかり焼いてくださいね。

MEMO

豆腐も冷たいまま混ぜたいの
で、電子レンジは使わず、重し
をして10分ほど水切りしてお
きます。

カクテル風ライスサラダ

材料（3人分）

温かいご飯‥‥‥‥‥‥‥‥‥‥‥‥‥‥‥2膳
レモン汁‥‥‥‥‥‥‥‥‥‥‥‥‥‥½個分
ツナ缶‥‥‥‥‥‥‥‥‥‥‥‥小1個（70g）
オリーブ油‥‥‥‥‥‥‥‥‥‥‥‥‥大さじ1
ゆで卵‥‥‥‥‥‥‥‥‥‥‥‥‥‥‥‥1個
ニンジン‥‥‥‥‥‥‥‥‥‥‥‥‥‥½本
アボカド‥‥‥‥‥‥‥‥‥‥‥‥‥‥‥1個
塩‥‥‥‥‥‥‥‥‥‥‥‥‥‥‥‥小さじ⅓
ホタテ貝柱（生）‥‥‥‥‥‥‥‥‥‥‥3個
イクラ‥‥‥‥‥‥‥‥‥‥‥‥‥‥‥40g
ボイルエビ‥‥‥‥‥‥‥‥‥‥‥‥‥‥6匹
ミントの葉‥‥‥‥‥‥‥‥‥‥‥‥‥‥適宜
塩、コショウ‥‥‥‥‥‥‥‥‥‥‥各少々

作り方

1 ご飯は水で軽く洗い、ザルに上げて水気をよく切る。

2 ボウルにご飯を入れ、レモン汁（写真■）、塩コショウ、ツナ缶（油ごと全部）を加えて混ぜる。

3 ニンジンは千切り用のスライサーで細く切る（ない場合は包丁で、斜め薄切りにしてから細く切る）。ボウルに入れ、塩をふって5分ほどおいてもむ。出てきた水分はしっかり絞り（写真■）、オリーブ油とレモン汁で味つけする。

4 アボカドは2つに割って皮と種を取ってから薄切りに、ゆで卵は縦に4つ割りにする。

5 エビは殻をむき、ホタテは薄くスライスする。

6 2、3、4、5を好みの順に透明の容器に重ねていく。上にイクラとミントの葉を飾る。

おうちでお花見気分 具材の切り方はお好みで

　ちらし寿司をサラダ風にアレンジし、ご自宅でも食べやすい盛りつけにしてみました。

　フランスのお総菜の定番・キャロットラペ（日本風にいえば「ニンジンの千切りサラダ」でしょうか）が味のポイントです。作り方をぜひ、覚えてくださいね。

　千切りにしたニンジンの塩もみはしっかりと。もむと水分が出てきますので、絞りきってから油とレモン汁を加えます。スポンジに水を含ませるようなつもりで味を吸わせましょう。

　このライスサラダでラペは、和食の漬物のような役割を果たしてくれます。味のいいアクセントになりますので、魚介類には味をつけません。（ご飯にもツナやレモンで味をつけているので）味にメリハリをつけて、一緒に口にしたときにちょうどいいバランスに仕上げます。

　重ねる順番や具材の切り方はお好みで。私は透明のグラスに下からご飯、ラペ、ご飯、魚介類と重ね、ホタテは薄く切って花びらのように飾ってみました。見た目も華やかで気分が上がること間違いなし！ですよ。

┄┄┄┄┄┄ MEMO ┄┄┄┄┄┄

手巻きずしのときに作るのもおすすめです。お刺し身はしょうゆだけではない楽しみ方があります。新しいバリエーションとしてお試しください。

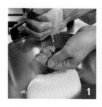

カリフラワーのタブレ

材料（2人分）

カリフラワー	¼個
キュウリ	½本
黄パプリカ	¼個
赤パプリカ	¼個
パセリのみじん切り	大さじ1
（乾燥の場合は小さじ1）	
ミックスナッツ	適量
塩	2つまみ
コショウ	少々
レモン汁	¼個分
オリーブ油	大さじ1

作り方

1 カリフラワーは芯も一緒に3〜5mm角くらいの大きさに細かく刻み、沸騰した湯で5秒ゆで、ザルに上げてそのまま冷ましておく。

2 キュウリとパプリカも同様に細かい角切りにする。

3 1と2をボウルに入れて混ぜ、塩、コショウ、レモン汁で味つけし、最後にオリーブ油を加える。パセリのみじん切り、粗く刻んだナッツを加えてさらに混ぜる。

ヘルシーな作り置き総菜

タブレは、世界最小のパスタ・クスクスと生野菜をあえたサラダで、フランス料理では常備菜の代表選手。キャロットラペと同じくらい人気があります。ただ、日本でクスクスを常備しているご家庭はそれほど多くないはず。今回はクスクスに食感が似ている、細かく刻んだカリフラワーに置き換えて作ります。

カリフラワーは芯も一緒に、できるだけ細かく刻みます。3〜5mm角ぐらいを目指してください。ほかの野菜も同様に。小さければ小さいほど調味料となじみやすく、時間がたっても味があまり変化しません。ゆで時間はなんと5秒！ゆで時間が長いとおいしさが損なわれるので、ゆで時間は守ってくださいね。

カリフラワーは大きくてゆでるくらいしか思いつかない、使い道に困るという声をよく聞きます。これならさっぱりしている上にたくさん食べられます。

ヘルシーで胃にもやさしい味。ごちそうがたくさんあるときはこういうシンプルな野菜料理があるとうれしいですね。

=========== MEMO ===========

パセリがない場合は、パクチーやミントの葉で代用してみてください。万能ネギや大葉に替えて、ちょっと和風にするのも面白いかもしれません。

白菜、リンゴ、ナッツのブルーチーズあえ

材料（2人分）

白菜‥‥‥‥‥‥‥‥‥‥‥‥‥⅟₁₆個
（¼株をさらに縦¼に切ったもの）
リンゴ‥‥‥‥‥‥‥‥‥‥‥‥‥¼個
ミックスナッツ‥‥‥‥‥‥‥‥適量
塩、コショウ（好みで）‥‥‥‥各少々

A ┃ ブルーチーズ‥‥‥‥‥大さじ2
　 ┃ 酢‥‥‥‥‥‥‥‥‥‥‥小さじ1
　 ┃ サラダ油またはオリーブ油
　 ┃ ‥‥‥‥‥‥‥‥‥‥‥‥大さじ1

作り方

1 白菜は芯を落とし、葉の部分を幅2cm程度に、芯に近い白いところは幅1cm程度に切る。

2 リンゴは皮付きのまま、1cm角（白菜の白い部分と同じくらいの大きさ）の拍子木切りにする。

3 ボウルにAを入れ、フォークでつぶしながら軽く混ぜる。

4 3に1と2と刻んだナッツを加え、ざっくりと大きく混ぜる。好みで塩コショウで味を調える。

色彩鮮やか 大人の味わい

　たまにはちょっと癖のある食材を使って、お酒に合う大人向けのあえものはいかがでしょう。火を使わないし、おつまみが足りないときにサッと作れます。

　スーパーなどで売っている¼株の白菜を、さらに縦に¼に切って使います。白菜の葉の部分は外側と内側で色が違い、同じ緑でも濃淡があります。縦に細長くカットすると、外葉だけ使うときとは違って色のグラデーションがきれいです。リンゴも皮付きのまま赤を生かして。ナッツの茶、ブルーチーズの青……それ

ぞれの色が映えて、美しく仕上がります。

　味のカギを握るブルーチーズはロックフォール、ゴルゴンゾーラなどお好みで。青カビ系のチーズが苦手な方は、カマンベールやブリー、クリームチーズなど、軟らかめで癖の少ないチーズで代用できます。混ぜるときは細かくつぶさず、粗い粒を残して食感を楽しみます。味見してものたりないときはチーズを増やさず、塩コショウで調整を。白菜から水分が出るので仕上げは食べる直前がいいでしょう。

MEMO

フランスではリンゴをよく料理に使います。普段のサラダに入れてみるのもいいですね。

お手軽マロングラッセ

材料（作りやすい量）

むき甘栗‥‥‥‥‥‥‥1パック（100g程度）
グラニュー糖‥‥‥‥‥‥‥‥‥‥大さじ2

A ┌ ブランデー（またはラム酒）‥‥‥‥10cc
　　└ グラニュー糖‥‥‥‥‥‥‥‥‥‥‥50g

作り方

1 小鍋に甘栗を入れ、ひたひたの水とグラ
　ニュー糖を加えて中火にかける。フツフツし
　てきたら弱火にして軽く沸き立つくらいの
　火加減で10分煮る。そのまま粗熱が取れた
　らフタをして、味をしみ込ませるために冷
　蔵庫で一晩おく（時間がなければ冷めるま
　でおく）。

2 別の鍋（または小さめのフライパン）にAと
　水10cc（材料外）を入れ、全体を湿らせてか
　ら強火にかける。砂糖が溶け、全体が透明
　になってフツフツ泡立ってきたらすぐ弱火に
　して汁気を切った栗を加える。鍋をこまめ
　に揺すりながら栗に砂糖を絡めていく。

3 全体に砂糖が絡んだら火を止め、熱いうち
　に取り出して網の上などで乾かして完成。
　高温の場所に置いておくと、コーティング
　した砂糖が溶けてくるので冷暗所または冷
　蔵庫で保存する（1週間程度は保存可能）。

秋の味覚を食卓に

　フランス人はマロングラッセが大好き。秋
になるとパティスリー（菓子店）によく買いに
いきます。生の栗を渋皮までむいて下ゆでし、シ
ロップに漬けて糖分をしみ込ませ、翌日も糖度
を少し上げたシロップに漬け込み、これを数日
繰り返して……と、作るにはとても手間がかか
るお菓子でもあります。

　今回は家庭で挑戦しやすいよう、市販のむ
き甘栗を使ったレシピを考えてみました。

　甘栗は、煮たら味をしみ込ませるため一晩
おきましょう。甘栗独特の味は、これでずいぶ
ん少なくなり風味もアップします。すぐに作り
たいときも、冷めるまで待ってください。

　栗の形を崩さず、うまく砂糖を絡めるコツは、
木ベラや菜箸を使わないこと。鍋（もしくはフラ
イパン）を少し持ち上げながらこまめに揺すり、
弱火でゆっくり丁寧に栗に絡めます。強火にす
ると砂糖が焦げてしまうので注意。砂糖は必
ず、純度の高いグラニュー糖を使って。結晶化
しやすく、きれいに仕上がります。

MEMO

室温が高いと、せっかくコーティングした砂糖が
溶けてベタベタになってしまいます。涼しい場所
で保存するか、冷蔵庫に入れてくださいね。

VI

ひと工夫で
ごはんがメインに

ごはんやパン、麺類は大好きだけど、
マンネリになりがち。
志麻さんの魔法にかかると、
ひと味違ったおうちごはんに早変わり。

サンドイッチ

材料（1人分）

食パン（6枚切り）‥‥‥‥‥‥‥‥‥‥2枚
ニンジン‥‥‥‥‥‥‥‥‥‥‥‥‥‥‥1本
キャベツ‥‥‥‥‥‥‥‥‥‥‥‥‥‥⅛個
鶏ささみ‥‥‥‥‥‥‥‥‥‥‥‥‥‥‥4本
オリーブ油‥‥‥‥‥‥‥‥‥‥‥‥‥適量
塩、コショウ‥‥‥‥‥‥‥‥‥‥‥各適量
レモン汁‥‥‥‥‥‥‥‥‥‥‥‥‥‥1個分
マヨネーズ‥‥‥‥‥‥‥‥‥‥‥‥大さじ1

作り方

1 ささみは塩、コショウし、沸騰したお湯を入
  れ、再度沸騰したら、火を止めて余熱でその
  まま冷めるまでおく。
2 キャロットラペを作る。ニンジンをスライサーで
  細切りにし、塩をしっかりして出てきた水分を
  よく絞り（写真**1**・**2**）レモン汁半量とオリーブ
  油で味をつける。
3 コールスローを作る。キャベツを千切りにし、
  塩もみした後、水分をしっかり絞りマヨネーズ
  と残りのレモン汁で味をつける（写真**3**）。
4 パンにキャロットラペ、湯を切った1のささみを
  のせる（写真**4**）。コールスローをのせ（写真**5**
  ）、具を全部のせたらパンではさみ、ラップで
  きつめに包み、なじませてラップごと半分に切
  る（写真**6**）。

ボリュームも栄養も満点！

　食パンで作るサンドイッチが人気です
ね。今回は鶏のささみとキャロットラペ、
コールスローのサンドイッチを作りました
が、挟む具材によって、さまざまな表情を
みせてくれ、彩りも楽しめます。

　ささみは火を通しすぎると硬くなり、うま
みが湯に溶け出してしまいます。余熱で火
を通すとパサつきません。余熱を利用する
ことを意識してみて。

　ささみはほぐさず、そのまま挟むので食
べ応えがあります。

　具材を挟み、ラップで包むときは押さえ
るように巻くと、切りやすくなります。

　ささみとラペ、コールスローとそれぞれ
に味の調和を楽しんで。

~~~~~~~~~~~~~ MEMO ~~~~~~~~~~~~~

ささみはゆでる前にささみに塩コショウをす
るのは味を引き出すためです。ちょっとしたひ
と手間がおいしさにつながります。

ガパオライス

材料(2人分)

鶏ひき肉……………………………300g
パプリカ(赤・黄)………………各½個
タマネギ………………………………½個
ニンニク……………………………1かけ
ご飯…………………………………360g
キュウリ……………………………½本
卵……………………………………2個
サラダ油……………………………適量
塩、コショウ………………………各適量
|A| ナンプラー……………………大さじ1
|A| オイスターソース……………大さじ1

作り方

1 パプリカ、タマネギは乱切りにし、油でさっと炒め(写真**1**)、ザルに上げておく。

2 ひき肉をニンニクのみじん切りとともに炒め、色が変わったら塩、コショウ、**A**で味を調え(写真**2**)、**1**の野菜を戻し入れて、軽く混ぜる。

3 お皿にご飯を盛り**2**をかける。多めの油でふちをカリカリに焼いた目玉焼き(写真**3**)をのせ、キュウリのスライスを飾る。

味のメリハリをしっかりつける

　野菜もたっぷり食べられて、食べ応えのあるガパオライス。ひき肉料理のバリエーションの一つに加えてみてはいかがでしょう。

　ひき肉を調理するときに、しっかり味つけをします。野菜は味付けをせず火を通すだけ。具材に味の濃淡があることで、口の中でおいしさが際立ちます。すべてに同じように味をつけると、メリハリのない仕上がりになります。

　ひき肉はあまり細かくほぐさず、かたまりのまま焼きつけるのが、ジューシーに仕上がるポイントです。

　辛いのが好きな人は具材を炒めるときに唐辛子を加えてみてください。

MEMO

野菜は生でも食べられるものなので、色、食感を大切に、炒めすぎないで。食感が残る程度に火を通し、ザルに上げましょう。

アスパラガスと生ハムのリゾット

材料（2人分）

温かいご飯‥‥‥‥‥‥‥‥180g
タマネギ‥‥‥‥‥‥‥‥‥½個
ニンニク‥‥‥‥‥‥‥‥‥1かけ
アスパラガス‥‥‥‥‥‥‥1束
生ハム‥‥‥‥‥‥‥‥‥‥50g
オリーブ油‥‥‥‥‥‥‥‥大さじ1
固形コンソメ‥‥‥‥‥‥‥½個
塩‥‥‥‥‥‥‥‥‥‥‥‥1つまみ
粉チーズ‥‥‥‥‥‥‥‥‥大さじ1
コショウ‥‥‥‥‥‥‥‥‥少々

作り方

1 タマネギ、ニンニクはみじん切りにする。アスパラはがくを取って根元の硬い部分をピーラーでむき、1cm幅の輪切りにする。

2 フライパンに油を入れ、1と塩を入れてタマネギがしんなりするまでじっくり炒める。

3 水250cc（材料外）とコンソメ、ご飯を加え、弱火のままご飯に水分を吸わせるようにときどき混ぜる（混ぜすぎない）。

4 水分がなくなったら粉チーズとコショウを加えて混ぜ、仕上げにちぎった生ハムを散らす。

ご飯が主役の絶品リゾット

　みんな大好きな「ご飯」を使って絶品のリゾットを作ります。フランスでも米は食べますが、日本とは食べ方がやや異なります。煮込み料理の付け合わせなどにされることも多いのです。野菜のような感覚なのでしょうね。

　今回は生米から炊き上げるわけではないので、米の硬さは気にせず気軽に挑戦してみましょう。ご飯はほぐしながら、コンソメスープを吸わせるように混ぜていきます。冷凍庫などにある

ご飯を温めたものでも、おいしく作れます。

　アスパラは硬い根元の処理が大事です。下から⅓の部分は皮をしっかりむいてください。口当たりが全然違います。アスパラの代わりにソラマメ、春キャベツ、スナップエンドウで作ってもおいしいです。

　粉チーズやコショウはお好みで。生ハムは味や色が抜けないよう、最後に加えましょう。混ぜずにのせると味にメリハリが出ますよ。

MEMO

レシピに野菜を「じっくり炒める」と書いてあるときは、繰り返しになりますが、塩1つまみをお忘れなく。塩が野菜の甘みを引き出してくれます。タマネギも甘くなっているか味見を忘れないでください。

炊飯器で本格エビピラフ

材料（4人分）

米‥‥‥‥‥‥‥‥‥‥‥‥‥‥2合
冷凍むきエビ（小〜中サイズ）
‥‥‥‥‥‥‥‥20匹（200g程度）
マッシュルーム‥‥‥‥‥‥1パック
タマネギ‥‥‥‥‥‥‥‥‥½個
固形コンソメ‥‥‥‥‥‥‥1個
バター‥‥‥‥‥‥‥‥‥‥20g
パセリ（あれば）‥‥‥‥‥‥適量

作り方

1 タマネギ、あればパセリはみじ
ん切りに、マッシュルームは薄
切りにする。

2 フライパンにバターを入れて弱
火にかけ、タマネギをじっくり炒
める。透き通ってきたら米を洗
わずに加え、米の一粒一粒に油
がなじむ程度に混ぜる。

3 2を炊飯器に入れ、2合の目盛
りより1〜2㎜程度下まで水（材
料外）を入れる。コンソメとマッ
シュルーム、凍ったままのエビを
加えて、普通に炊く。

4 炊き上がったら混ぜて蒸らし、
味をみて足りなければ塩（材料
外）で調整する。皿に盛り、上
にパセリをちらす。

エビは小さめのサイズがおすすめ

エビ好きな方、多いですよね。今回は、炊飯器で作れる本格的なエビピラフをご紹介します。冷凍むきエビで大丈夫。大きいものである必要はなく、むしろ小さめサイズがおすすめです。冷凍エビは凍ったまま加えてください。解凍すると周りで凍っているうまみがなくなってしまいます。炒めもののときは凍ったままで、というわけにはいきませんが、今回のように水分があってもいいときは一緒に炊いてしまいましょう。

マッシュルームはキノコの中でも癖がなくうまみが強いので、洋風メニューでうまみを加えたいときにおすすめの食材です。

炊飯は普通に白米を炊く要領で。「炊き込みご飯モード」などは使わなくて構いません。炊き上がったら味をみて、足りなければ塩で調えます。あればパセリをちらして完成です！

ホワイトソースをかけて食べてもおいしいですよ。

― MEMO ―

ピラフやパエリアのようにスープを米にしみ込ませる料理は、米は洗わないことがポイントです。

シーフードの
トマトクリーム
パスタ

材料（2人分）

パスタ（スパゲティ）・・・・・・・・・・・・・・・・・・・・・・・140g
冷凍シーフードミックス・・・・1袋（200～250g程度）
カットトマト缶・・・・・・・・・・・・・・・・・・・・・・・1缶（400g）
ズッキーニ・・・・・・・・・・・・・・・・・・・・・・・・・・・・・・½本
生クリーム・・・・・・・・・・・・・・・・・・・・・・・・50～100cc
ニンニク・・・・・・・・・・・・・・・・・・・・・・・・・・・・・・・1かけ
オリーブ油・・・・・・・・・・・・・・・・・・・・・・・・・・・・大さじ2
塩・・・・・・・・・・・・・・・・・・・・・・・・・・・・・・・・・・・・2つまみ
コショウ・・・・・・・・・・・・・・・・・・・・・・・・・・・・・・・・・少々

作り方

1 ズッキーニは縦半分に切って1cm幅の半月切り
　にする。
2 鍋に油、縦2つに割ってつぶしたニンニクを入
　れ、弱火にかけて香りを出す。
3 カットトマトと缶の内側をゆすいだ水50cc（材
　料外）を2に加えて中火にする。沸騰したら弱
　火にし、5分煮る。凍ったままのシーフードミッ
　クスを加え、さらに5分煮る。塩、コショウで味
　をつけたら、いったん火を止める。
4 別の鍋に湯を沸かして1%の塩（分量外）を加
　え、袋の表示より1分短い時間でパスタをゆ
　でる。パスタを上げる1分前にズッキーニを加
　え、パスタと同時に湯から上げる。ゆで汁は
　少量取っておく。
5 3を再び火にかけて温め、生クリームと4のパス
　タ、ズッキーニを加え、絡める（写真**1**・**2**）。水分
　が足りなければ4のゆで汁を加えて調整する。
　味をみて足りなければ塩、コショウで調える。

ささっと作れて大満足

　帰りが遅くなったけれど、すぐ夕飯にし
たい――。そんなとき、ササッと作れて一
皿で満足できる麺類はいかが。市販の冷
凍シーフードミックスを使ったパスタをご
紹介します。

　といっても、調理前に解凍する必要は
なし。周りで凍っている水には魚介のう
まみが出ていますので、捨てるのはもった
いない！　凍ったまま一緒にトマトソース
に加えます。お手軽でしょう？　シーフー
ドは火を通しすぎて硬くならないよう、途
中で入れるようにします。ただし、この水
には塩分も含まれていますので、最後に
味をみて調整するようにします。私はエ
ビ、イカ、アサリのミックスを使いました
が、シーフードの種類はお好みで。

　これだけでは野菜が不足しますので、
彩りのよい緑の野菜・ズッキーニを具材
にしました。ほかの野菜にするならブロッ
コリーやインゲンもおすすめ。インゲンは
少し硬いので、パスタがゆであがる3～5
分前に投入しましょう。

MEMO

ソースが煮詰まりすぎていたら、ゆで汁を加え
て調整してください。生クリームは加熱しすぎ
ると分離して風味もとぶので、仕上げに加え
ましょう。

クラムチャウダーうどん

材料(2人分)
タマネギ･･･････････････1/2個
ニンジン･･･････････････1/3本
ジャガイモ･･･････････小1個
シイタケ･･･････････････2～3枚
白菜･･････････････････1/16個
バター････････････････15g
アサリ････････････････200g
ベーコン･･･････････････2枚
酒････････････････････大さじ2
塩････････････････････1つまみ
小麦粉････････････････大さじ1
塩、コショウ･･･････････少々
うどん････････････････2玉
| A | 固形コンソメ･･･････････1個
牛乳･･････････････････200cc
水････････････････････300cc

作り方

1 白菜は葉の部分は2cm角程度、白い部分は1cm角程度に切る。ほかの野菜とシイタケはすべて5mm角に切る。

2 アサリは砂抜きし、酒と一緒に鍋に入れる。フタをして貝の口が開くまで火を通し、ザルに上げて身と煮汁に分け、身はラップをかけておく。

3 鍋を洗ってバターをひき、1のジャガイモ以外の野菜とシイタケを入れる。塩1つまみを加え、中火でじっくり炒める。

4 野菜がしんなりしたら小麦粉を加え、粉気がなくなるまで炒めてAを加える。ひと煮立ちしたらジャガイモを加え、5分煮る。その間に別鍋でうどんをゆでておく。

5 仕上げに、1cm角に切ったベーコン、取っておいたアサリの煮汁を加えてサッと煮る。アサリを戻して、塩、コショウで味を調える。

6 器に入れたうどんの上に5をかける。

MEMO
うどんだけでなくパスタとも相性バッチリ。ご飯を入れてリゾットにするのもおすすめですよ。

パスタとも相性バッチリ あったか麺

野菜とシーフードを具にして、ミルクベースのスープであったまる「クラムチャウダーうどん」はいかがでしょう。

白菜がなければキャベツを1cm程度に切っても代用できます。アサリは酒蒸しにしたらすぐにザルに上げて身と汁に分けておきます。そのままだと余熱で身が硬くなってしまうからです。身がパサつかないようラップをしておくのをお忘れなく。野菜とシイタケは塩1つまみと一緒に、じっくり炒めて甘みを引き出します。ただジャガイモだけは炒めず、煮込む前に加えてやわらかく仕上げます。

ジャガイモに火が通ったことを確認したらベーコン、煮汁、アサリを戻します。塩、コショウで味を調えれば完成です。ベーコンは具というよりはうまみ出し。アサリのうまみとあいまったスープがたまりません。

冷たいチーズパスタ

材料（2人分）

マカロニ‥‥‥‥‥‥‥‥‥140g
プチトマト‥‥‥‥‥‥‥‥‥10個
ツナ缶（オイル漬け）
‥‥‥‥‥‥‥‥‥小1個（80g）
モッツァレラチーズ‥‥‥‥‥1個
ケッパー‥‥‥‥‥‥‥‥大さじ1
オリーブの実‥‥‥‥‥‥‥12粒
パセリ‥‥‥‥‥‥‥‥‥‥適量
塩‥‥‥‥‥‥‥‥‥‥‥1つまみ
コショウ‥‥‥‥‥‥‥‥‥‥少々
｜　マスタード‥‥‥‥‥大さじ1
A　オリーブ油‥‥‥‥‥大さじ3
｜　レモン汁‥‥‥‥‥‥¼個分

作り方

1 マカロニは表示の時間通りにゆ
　で、ザルに上げ流水で洗う。そ
　のまま水気を切っておく。
2 ボウルにツナ（缶の中の油も）、
　A、塩、コショウを入れ、混ぜ合
　わせる。
3 オリーブとプチトマトは2つに切
　る。ケッパーは粗く刻む。モッ
　ツァレラチーズは一口大にちぎ
　る。パセリはみじん切りにする。
　すべてを2に加え、あえる。
4 1を加え、全体を混ぜる。味を
　みて、足りなければ塩、コショウ
　（いずれも分量外）で調える。

ツナにしっかり味つけ

　ボリュームもあって、しっかり食べられて栄養も取れる、冷たいチーズパスタはいかがでしょう。

　パスタは、マカロニやペンネなどののびにくいショートパスタがおすすめ。スパゲティなら食べやすいよう折って使ってください。ツナ缶は水煮ではなくオイル漬けを使いましょう。缶に残る油も捨てずにソースとして利用します。

　ツナにマスタードやレモン汁などでしっかり味つけをします。この酸味で、真夏でもさっぱりと食べられるのです。その後、プチトマトなどほかの具材をあえるようにします。オリーブの実は、私はブラックオリーブを使いましたがグリーンオリーブで

も構いません。

　最後に、マカロニを加えて全体を混ぜ合わせます。味をみて足りなければ、塩、コショウで調整してください。

　涼しげな器に盛れば、おもてなしにも使えます。

MEMO

ツナの代わりにハムなどでもOK。その場合はオイルを足しましょう。ショートパスタはファルファッレ、フジッリなど変わった形のもので作っても華やかになって楽しいです。

タサン志麻

大阪あべの・辻調理師専門学校、同グループ・フランス校を卒業し、ミシュランの三つ星レストランで研修。帰国後、老舗レストランで15年勤務。2015年にフリーランスの家政婦として独立。各家庭の冷蔵庫にある食材で、訪問先の好みに応じて作る料理が話題を呼び「予約のとれない伝説の家政婦」と呼ばれるようになる。主な著書に『志麻さんのプレミアムな作りおき』『厨房から台所へ──志麻さんの思い出レシピ31』(ダイヤモンド社)、『伝説の家政婦 志麻さんがうちに来た!』(世界文化社)、『志麻さんのベストおかず』(扶桑社)ほか多数。

[初出]本書は「往復食簡」(「毎日新聞」日曜版、2021年1月10日から2022年12月11日掲載)に新たなレシピを加え、加筆再構成しました。

[スタッフ]

コーディネイト	色井香(g-chef)
スタイリング	八木佳奈

[連載]

毎日新聞日曜版
瀬尾忠義/銅山智子(構成)
尾籠章裕(撮影)/大井美咲(デザイン)

[書籍]

カバーデザイン・アートディレクション	坂川朱音(朱猫堂)
本文+DTP	株式会社ハッピージャパン
編集	藤江千恵子(毎日新聞出版)
撮影	タカハシトミユキ(P1〜21、24〜27、36〜43、48〜51、65、77、88〜93、113〜119、126〜127)
	特に表記のないものは毎日新聞社

にちようび だいどころ
日曜日の台所
志麻さんの"おうちビストロ"
しま

印刷	2023年3月10日
発行	2023年3月20日

著者	タサン志麻
発行人	小島明日奈
発行所	毎日新聞出版
	〒102-0074 東京都千代田区九段南1-6-17 千代田会館5階
	営業本部 03-6265-6941
	図書第一編集部 03-6265-6745

印刷・製本 中央精版印刷